studio [21]

Intensivtraining A1

Deutsch als Fremdsprache

Lösungen

Cornelsen

Start auf Deutsch

1

a) a: Hören Sie., b: Fragen Sie. – Antworten Sie. – Sprechen Sie., c: Schreiben Sie. – Ergänzen Sie. – Notieren Sie.
b) 2. Antworten, 3. Buchstabieren, 4. Notieren, 5. Fragen, 6. Hören, 7. Lesen, 8. Kreuzen, 9. Verbinden, 10. Markieren
c) b: 4, c: 9, d: 5, e: 8, f: 6, g: 2, h: 3, i: 10, j: 7

2

2. Fragen Sie., 3. Buchstabieren Sie. , 4. Antworten Sie.

3

a)
1. + Herr Yilmaz, wo wohnen Sie?
   – Ich wohne in Wiesbaden. Das ist bei Mainz. Und Sie, Frau Novak?
   + Ich wohne in Frankfurt.
2. + Frau Kim, woher kommen Sie?
   – Ich komme aus Korea. Und Sie, Herr Chan?
   + Ich komme aus Peking. Das ist in China.

1 Kaffee oder Tee?

1

b) a: 2, b: 1, c: 3
c) 1. Woher, 2. Wo, 3. Wo, 4. Woher, 5. Was, 6. Was
d) 1. e, 2. f, 3. a, 4. b, 5. c, 6. d

2

1. 101 – 2. 16,70 – 3. 38 – 4. 74 36 82

3

1. 0171285476, 2. 202, 3. 0911 552119, 4. 8,40 Euro, 5. 6,80 Euro

4

bist, heiße, ist, kommst, komme, komme, Wohnst, wohne, Möchten, nehme, trinkst, nehme

5

1. wohnen, 2. heißen, 3. sammeln, 4. sortieren

6

1. Milchkaffee, 2. Rotwein, 3. Wasser, 4. Orangensaft, 5. Eistee, 6. Kakao

7

2. Das ist Rahul. Er kommt aus Indien und wohnt in Hamburg. Er ist im Fotografiekurs.
3. Das ist Ying Xie. Sie kommt aus China und wohnt in Dortmund. Sie ist im Computerkurs.
4. Das sind Paul und Jenny. Sie kommen aus England und wohnen in Bremen. Sie sind im Deutschkurs.

8

a) 2. Ich trinke Tee ohne Zucker., 3. Ich nehme Wasser mit Eis., 4. Ich übe Verben mit Wortakzent., 5. Ich schreibe das Wort „Tür“ ohne „h“.

9

a)

ich	bin	*wir*	sind
du	bist	*ihr*	seid
er/es/sie	ist	*sie/Sie*	sind

c) 1. ist – bin, 2. sind – Seid – sind – bist, 3. Ist – sind

10

ich	komme, heiße, wohne, habe
du	bist, kommst, sprichst
er/es/sie	ist, antwortet, sammelt
wir	nehmen, möchten, sind, zahlen
ihr	möchtet, antwortet, sammelt
sie/Sie	nehmen, möchten, sind, zahlen

2 Sprache im Kurs

1

a) 1. Karin – Nick – Jeff
2. Stefan (– Lin Lin)
3. Stefan – Akgün – Lin Lin – Jeff
4. Karin – Lin Lin – Jeff
5. Stefan – Akgün – Jeff

b) 1. Jeff, 2. Lin Lin, 3. Karin, 4. Akgün, 5. Nick

2

a) und b)
1. 2 Kein Problem. Die Frage ist: Woher kommt Frau Kim? (KL)
   1 Das verstehe ich nicht. Können Sie die Frage bitte wiederholen? (KT)
   3 Frau Kim? Keine Ahnung. (KT)
2. 4 Noch einmal: Das ist eine Brille. Die Brille. (KL)
   1 Wie heißt das auf Deutsch? (KT)
   3 Das verstehe ich nicht. Können Sie das bitte wiederholen? (KT)
   2 Das ist eine Brille. (KL)
3. 2 Können Sie das bitte buchstabieren? (KT)
   4 Können Sie das Wort bitte anschreiben? (KT)
   1 Das ist ein Wörterbuch. (KL)
   3 W-Ö-R-T-E-R-B-U-C-H. (KL)
   5 Na klar, gerne. (KL)

c) a: 4, b: 2, c: 3, d: 5, e: 1
d) 1. Ich habe eine Frage., 2. Können wir eine Pause machen?, 3. Wie heißt der Plural von Stuhl?, 4. Das verstehe ich nicht., 5. Was ist das?

3

1. der Ordner, 2. der Tisch, 3. der Kuli, 4. das Handy, 5. der Becher, 7. der Stuhl

4

2. -e, 3. -er, 4. ¨-er, 5. -n, 6. -en, 7. -, 8. -s

5

1. das Brötchen – die Brötchen, 2. die Brille – die Brillen, 3. der Füller – die Füller, 4. die Lampe – die Lampen, 5. das Fahrrad – die Fahrräder, 6. der Becher – die Becher, 7. der Saft – die Säfte, 8. das Heft – die Hefte

6

1. die, 2. –, –, 3. ein – das, 4. ein – der, 5. ein – eine, 6. –, –

7

2. Da ist ein Tisch, aber keine Tafel, 3. Da ist ein Kuli, aber kein Füller., 4. Da ist ein Handy, aber keine Tasche., 5. Da ist ein Becher, aber kein Brötchen.

3 Städte – Länder – Sprachen

1

a) 2c, 3a, 4b
c) 1. Wer lernt Englisch?, 2. Woher kommen 2,5 Millionen Menschen?, 3. Was ist eine Muttersprache?

2

85 % Englisch, 33 % Französisch, 16 % Spanisch, 15 % Russisch, 10 % Italienisch

3

2. Paul kommt aus den USA, aber er lebt in England.
3. Albina kommt aus dem Iran, aber sie lebt in der Slowakei.
4. Antonio kommt aus der Schweiz, aber er lebt in den Niederlanden.

4

G	U	J	Y	N	R	M	B	B	K	D	O	D	G	K
G	B	Y	U	O	U	G	E	O	K	F	P	O	D	R
Q	J	J	V	N	U	H	K	R	L	N	P	D	R	O
B	V	Y	N	K	B	E	R	L	I	N	B	U	E	X
E	H	A	N	N	O	V	E	R	I	V	R	M	S	A
R	M	R	Q	I	P	H	A	M	B	U	R	G	D	W
N	F	S	W	D	X	Q	D	J	X	W	X	G	E	B
K	P	V	V	Q	E	U	I	L	U	Z	E	R	N	C
J	D	S	V	J	Z	U	B	O	D	Q	J	A	Z	X
B	V	B	P	B	P	W	I	E	N	P	O	Z	Q	E

2. Wien, 3. Bern, 4. Hamburg, 5. Graz, 6. Hannover, 7. Dresden, 8. Luzern

5

a) 1. waren – warst, 2. bin – warst – war, 3. waren – war – Ist, 4. war – War
b) 2. Fatih war schon mal in Bremen., 3. Herr Meier kommt aus Wien., 4. Thomas hat alle CDs von Yo-Yo Ma.

6

a) 2. sprecht, 3. sprechen – spreche – spricht, 4. sprichst – spreche, 5. sprechen
b)

ich	spreche	*wir*	sprechen
du	sprichst	*ihr*	sprecht
er/es/sie	spricht	*sie/Sie*	sprechen

7

a) 2. Woher, 3. Wo, 4. Wer, 5. Wo, 6. Was, 7. Wo, 8. Wie
b) 2d, 3e, 4g, 5h, 6a, 7c, 8b
c) 3. Lebt die Familie von Yijiang in Nordchina?, 4. Ist das Chantal?, 5. Liegt Wiesbaden in der Nähe von Frankfurt?, 6. Studiert Sarah Musik?, 7. Arbeitet Sam bei Opel?, 8. Geht's dir gut?

8

2. Wo wohnt ihr, Eva und Michael?
3. Herr Kim, kommen Sie aus China?
4. Laura, welche Sprachen sprichst du?
5. Herr und Frau Schiller, waren Sie gestern in Amsterdam?
6. Woher kommt ihr, Marisa und Antonio?

9

1. . – ?, 2. . – ? – ., 3. . – ? – ., 4. ? – .

Leben in Deutschland 1

2

a) Niedersachsen, Hannover, Schleswig-Holstein, Kiel, Hamburg, Berlin, Bremen, Mecklenburg-Vorpommern, Schwerin, Magdeburg, Sachsen-Anhalt, Potsdam, Brandenburg, Dresden, Sachsen, Erfurt, Thüringen
b) 2. Saarbrücken ist die Hauptstadt vom Saarland. Die Stadt liegt südlich von Trier., 3. Mainz ist die Hauptstadt von Rheinland-Pfalz. Die Stadt liegt südwestlich von Frankfurt., 4. Wiesbaden ist die Hauptstadt von Hessen. Die Stadt liegt nordwestlich von Würzburg., 5. Stuttgart ist die Hauptstadt von Baden-Württemberg. Die Stadt liegt nordöstlich von Freiburg., 6. München ist die Hauptstadt von Bayern. Die Stadt liegt südöstlich von Augsburg.
c) *von Westen nach Osten:* 3 – 1 – 5 – 2 – 4

4 Menschen und Häuser

1

a) 1. richtig, 2. falsch, 3. richtig, 4. falsch, 5. falsch, 6. richtig
b) 1. Arifin, 2. Stefan, 3. Arifin, 4. Cem, 5. Florian

2

a) 2. laut, 3. klein, 4. dunkel, 5. hässlich, 6. langsam
b) 1. warm, 2. ruhig, 3. groß, 4. hell, 5. schön, 6. schnell

3

a) 2. falsch, 3. richtig, 4. falsch, 5. richtig, 6. falsch
b) 2. Die Gartenstraße ist leise., 4. Die Zimmer sind hell., 5. Die Wohnung ist teuer.

4

a) 2. n, 3. n, 4. Pl., 5. Pl., 7. f, 8. m
b) 2. unser, 3. mein, 4. eure, 5. deine, 6. ihr, 7. ihre, 8. Ihr

5

2. dein, 3. unsere, 4. ihr, 5. eure, 6. ihre, 7. Sein

6

1. eine (unbestimmt/Akkusativ), 2. einen (unbestimmt/Akkusativ), 3. Der (bestimmt/Nominativ), 4. die (bestimmt/Akkusativ), 5. das (bestimmt/Nominativ), 6. eine (unbestimmt/Akkusativ), 7. ein (unbestimmt/Akkusativ), 8. die (bestimmt/Akkusativ), 9. die (bestimmt/Nominativ), 10. einen (unbestimmt/Akkusativ), 11. das (bestimmt/Nominativ)

7

ein, einen, ein, ein, ein, ein, einen, einen, ein, ein, einen, ein, ein

8

a) 1. Susanne, 2. Bernd
b) 1. b, 2. c, 3. c, 4. a, 5. b, 6. c, 7. c, 8. a, 9. b

9

2. schläft, 3. schläfst, 4. Schlafen, 5. schlaft, 6. schlafen

ich	schlafe	*wir*	schlafen
du	schläfst	*ihr*	schlaft
er/es/sie	schläft	*sie/Sie*	schlafen

10

a – r – t – e – n
Lösungswort: Gartenstraße

5 Termine

1

a) halb sieben, sieben, Viertel nach sieben, fünf nach halb acht, acht, zwanzig nach eins, halb vier, Viertel nach sieben, halb elf, halb sieben
b) 2. 7.00, 3. 7.15, 4. 7.35, 5. 8.00, 6. 13.20, 7. 15.30, 8. 19.15, 9. 22.30

2

2b, 3a, 4h, 5f, 6d, 7g, 8e

3

a) a: 2, b: 3, c: 1, d: 4
b) 1. 7.00 Uhr, 2. 15.35 Uhr, 3. 9.00 Uhr, 4. 16.30 Uhr

4

a) 1. Gute Nacht!, 2. Guten Morgen!, 3. Guten Tag!, 4. Guten Tag!, 5. Guten Abend!
c) 1e, 2d, 3b, 4a, 5c, 6f

5

1.a, 2.a, 3.b, 4.a, 5.b

7

a) 1. an, 2. zu, 3. aus, 4. auf, 5. mit, 6. ein
b)
2. + Kaufst du ein?
 – Ja, ich kaufe ein.
 + Wo kaufst du ein?
 – Ich kaufe im Supermarkt ein.
3. + Gehst du aus?
 – Ja, ich gehe aus.
 + Wann gehst du aus?
 – Ich gehe am Wochenende aus.
4. + Fängst du an?
 – Ja, ich fange an.
 + Wann fängst du an?
 – Ich fange um neun Uhr an.

8

Lösungswort: Termine

9

2. Nein, er arbeitet heute nicht., 3. Morgen habe ich keine Zeit., 4. Ich möchte keine Cola., 5. Nein, wir können am nächsten Wochenende nicht., 6. Wir haben am Montag keinen Termin frei., 7. Nein, ich komme nicht mit.

10

a)

ich	hatte	*wir*	hatten
du	hattest	*ihr*	hattet
er/es/sie	hatte	*sie/Sie*	hatten

b) hatte, hatte, hatten, hatte, hatten, hatten, hatte, Hattest

11

1. war – Hattet – waren – wart – hatte – war – hatten,
2. warst – hatten – hatte – war – Hattest – hatte – War

6 Orientierung

1

a) 1a, 2d, 3b, 5c
b) 1c, 2b, 3b, 4a, 5c, 6b, 7b, 8a

2

K	E	R	F	F	A	N	T	O	R	L	A
S	T	R	A	S	S	E	N	B	A	H	N
A	L	E	Q	U	I	K	B	A	R	D	U
B	U	S	T	E	F	E	R	N	A	N	F
N	E	T	H	P	A	K	C	K	I	N	O
M	B	A	H	N	H	O	F	I	D	A	P
J	S	U	R	S	R	S	C	H	U	L	E
I	S	R	N	E	R	E	D	N	U	T	R
O	R	A	S	T	A	L	E	O	N	E	U
K	E	N	G	A	D	I	T	R	T	L	N
T	N	T	A	E	G	H	U	N	K	P	G

1. Straßenbahn – Restaurant – Fahrrad
2. Bus – Schule – Oper – Bahnhof

3

a) 2, 3, 4, 5
b) 2. mit dem Zug, 3. mit dem Bus, 4. mit dem Auto, 5. mit dem Zug

4

neunten Sechsten, sechzehnten Sechsten, zweiten Siebten, dritten Siebten, siebten Siebten, vierzehnten Siebten, ersten Achten

5

1. vor der, 2. im, 3. im – Neben, 4. Im – an der

6

2. In der vierten Etage links, 3. in der ersten Etage, 4. in der dritten Etage links, 5. in der vierten Etage rechts, 6. in der zweiten Etage links

7

2. im Sprachkurs, 3. im Sekretariat / im Büro, 4. im Kino, 5. in der Küche, 6. in der Bibliothek

9

a) In, in, in, zwischen, im, unter, neben, Im, In, unter, neben, unter

b) b: Kurs A2, c: Kurs A1, d: Kantine, e: Treppenhaus, f: Sekretariat, g: Videoraum, h: Lesezimmer, i: Projektgalerie

Leben in Deutschland 2

1

a) hat, ist, lernt, trifft, kochen, gehen, besucht, hat, arbeitet, macht, schreibt, geht, geht … aus, kommen, frühstücken

b)

Montag: 14.30–17.00 Deutsch lernen
Dienstag: 12.30 Mittagessen bei Marie, 14.00–16.00 Museum
Mittwoch: 10.00–11.30 WG besuchen, 16.15 Prof. Huber (Universität)
Donnerstag: 9.00–13.00 arbeiten (Supermarkt), 13.30 Fitness-Studio
Freitag: 10.00 Test schreiben (Universität), 14.45 Friseur
Samstag: 19.35 ausgehen mit Hanna
Sonntag: 9.45 Frühstück mit Iris und Theo

2

a) a: 3, b: 2, c: 1, d: 4

b) 1b, 2a, 3a, 4b

3

a) 2h, 3f, 4e, 5i, 6c, 7a, 8b, 9d

b) 1c, 2b, 3a

7 Berufe

1

Sabine, Monika, Stefanie, Ralf und Helga arbeiten auch am Wochenende.
Sabine, Marion, Monika, Stefanie und Carsten interessieren sich für Technik.
Sabine und Monika sind beruflich oft im Ausland.
Marion und Stefanie reparieren etwas.
Marion, Monika, Stefanie und Helga sind Chefinnen.

2

a) a: 5, b: 1, c: 2, d: 4, e: 6, f: 3

b) 1. In der Werkstatt., 2. Beim Friseur., 3. Im Taxi., 4. Im Büro., 5. Im Krankenhaus., 6. Im Café.

3

a) 2c, 3d, 4b, 5e, 6a

b) 2. Schuhverkäufer verkaufen Schuhe in einem Schuhgeschäft.
3. Lehrer unterrichten Deutsch in einer Schule.
4. Ärzte untersuchen Patienten in einem Krankenhaus.
5. Kfz-Mechatroniker reparieren Autos in einer Werkstatt.
6. Friseure schneiden Haare in einem Friseursalon.

4

a) 2. Papierkorb, 3. Ordner, 4. Pflanze, 5. Drucker, 6. Bild

b) 3. Büro

5

1. Redakteurin, Bonn, Zeitung, Marktstraße
2. Programmiererin, 10-17 Uhr, Michael, Frankfurt

6

a) arbeiten, verkaufen, beraten, aufstehen, einkaufen, bringen

b) Erkan muss jeden Montag und Donnerstag sehr früh aufstehen.

7

können, kann, muss, Musst, kannst, kann, muss, können

ich	kann	muss
du	kannst	musst
er/es/sie	kann	muss
wir	können	müssen
ihr	könnt	müsst
sie/Sie	können	müssen

8

Arbeitslosigkeit, arbeitslos, Arbeit, Arbeitsagentur, Arbeitsmarkt

9

a) Frau Lim kann: Chinesisch, Deutsch und Englisch sprechen, Termine machen, Kunden beraten, auch am Wochenende arbeiten, einen Kurs besuchen und am ersten Juni anfangen.

b) 1. Sie muss viel telefonieren.
2. Sie muss am Wochenende arbeiten.
3. Sie muss einen Kurs besuchen.

10

2. Sein (das), 3. ihr (der), 4. meine (die), 5. Euer (das), 6. ihre (die)

11

1. eine (die), 2. ihren (der), 3. unseren (der), 4. ein (das), 6. eine (die), 7. deinen (der), 8. meine (die)

12

2. Sabine mag ihre Chefin nicht.
3. Herr Lehmann bringt sein Auto in die Werkstatt.
4. Wie lange kennst du deine Kundinnen?
5. Sie haben am Montag Ihren Termin bei der Arbeitsagentur.
6. Unsere Direktorin unterrichtet einen Biologiekurs.

13

1. arbeite, 2. arbeitest, 3. arbeitet, 4. Arbeitet, 5. arbeiten, 7. arbeiten, 8. arbeiten

8 Münster sehen

1

2. falsch, 3. richtig (Zeile 5), 4. richtig (Zeile 16), 5. falsch, 6. falsch, 7. richtig (Zeile 19), 8. falsch, 9. richtig (Zeile 30), 10. richtig (Zeile 28-29)

2

2. Speisekarte, 3. Kirche, 4. Fußgängerzone, 5. U-Bahn, 6. Ampel, 7. Fahrrad

3

2. haben, 3. suchen – nehmen – fahren, 4. planen – machen, 5. machen – suchen – haben, 6. suchen – kaufen – haben – nehmen, 7. suchen – besichtigen – besuchen, 8. planen – machen, 9. planen – machen – suchen – schreiben – haben, 10. planen – machen

4

2. Er ist unter dem Bett., 3. Er ist auf dem Koffer., 4. Er ist zwischen den Büchern., 5. Er ist an der Wand., 6. Er ist vor dem Fernseher., 7. Er ist neben dem Geld.

5

1b, 2b, 3c, 4c, 5a

6

2. Wohin, 3. Woher, 4. Wo, 5. Wohin, 6. Wo, 7. Wo, 8. Woher, 9. Wo

7

ich	will	*wir*	wollen
du	willst	*ihr*	wollt
er/es/sie	will	*sie/Sie*	wollen

2. will, 3. wollt, 4. willst, 5. will, 6. wollen

8

1. muss, 2. Könnt, 3. will, 4. Können, 5. will – muss, 6. Kannst/Willst, 7. muss – kann

9

a) *Dialog 1:* Stadtpark, geradeaus, dritte, rechts
Dialog 2: Bank, in, über den, bis, Kürschnerweg, rechts, erste
Dialog 3: rechts, am, vorbei, über, Parkhaus, in, rechts

b) 1c, 2b, 3a

c) *Vorschlag:*
+ Entschuldigung, ich suche das Kino.
– Das Kino? Das ist in der Salzstraße. Gehen Sie zuerst die Schillerstraße entlang. Dann gehen Sie links den Kürschnerweg entlang. Gehen Sie danach links. Das Kino ist dann rechts.

9 Ab in den Urlaub

1

1. Zürich, 2. München, 3. Wien, 4. Hamburg

2

senkrecht: 1. Berge, 2. Besichtigung, 4. -ferien, 5. Hotel, 8. Fotos, 9. Radtour
waagerecht: 6. Wetter, 7. -reiseziel, 10. Bus, 11. Strand

3

a) abholen: +, er holt ... ab, er hat abgeholt
anfangen: +, er fängt an, er hat angefangen
ankomen: +, er kommt an, er ist angekommen
anrufen: +, er ruft ... an, er hat angerufen
besichtigen: –, er besichtigt, er hat besichtigt
bestellen: –, er bestellt, er hat bestellt
besuchen: –, er besucht, er hat besucht
einkaufen: +, er kauft ... ein, er hat eingekauft
einpacken: +, er packt ... ein, er hat eingepackt
(sich) entscheiden: –, er entscheidet (sich), er hat (sich) entschieden
frühstücken: –, er frühstückt, er hat gefrühstückt
stattfinden: +, er findet ... statt, er hat stattgefunden
übernachten: –, er übernachtet, er hat übernachtet

b) stattgefunden, entschieden, eingekauft, gefrühstückt, eingepackt, angerufen, bestellt, abgeholt, angekommen, übernachtet, besichtigt

4

a) Isabel hat am Montag die Stadtpläne von Rom und Neapel gekauft. Am Mittwoch hat sie ihren Urlaub genommen und ein Buch über das alte Rom gelesen. Am Donnerstag hat sie den Hund zu Mario gebracht.
Michael hat am Montag das Hotelzimmer in Rom reserviert. Er hat am Mittwoch das Auto kontrolliert und die Fahrt nach Neapel geplant. Am Donnerstag hat er die Koffer gepackt.

b) Er hat kein Hotelzimmer in Neapel reserviert.

5

Ist, ist, hat, sind, Habt, sind, Seid, ist, habe

ich	habe	bin
du	hast	bist
er/es/sie	hat	ist
wir	haben	sind
ihr	habt	seid
sie/Sie	haben	sind

6

2. bist, 3. ist, 4. ist, 5. hat, 6. sind, 7. seid, 8. ist, 9. sind, 10. hat

7

2. Gudrun ist am Sonntag spazieren gegangen., 3. Die Waschmaschine hat am Wochenende nicht funktioniert., 4. Hannes hat letzte Woche eine Postkarte von Lisa aus Wien bekommen., 5. Hast du letztes Jahr alle Urlaubstage genommen?, 6. Axel ist gestern in Hamburg angekommen., 7. Volker hat um halb zehn gefrühstückt., 8. Ich bin gestern den ganzen Tag im Bett geblieben.

8

a) 1b, 2e, 3d, 5h, 6g, 7a, 8f

9

in, im, Um, nach, an, in, vom, zur

Leben in Deutschland 3

1

a) 1. der Koch / die Köchin, 2. der Friseur / die Friseurin, 3. der Sekretär / die Sekretärin, 4. der Florist / die Floristin, 5. der Kfz-Mechatroniker / die Kfz-Mechatronikerin, 6. der Verkäufer / die Verkäuferin
b) 2d, 3f, 4e, 5b, 6a

10 Essen und trinken

1

1b, 2c, 3c, 4a

2

2. Apfel (Obst), 3. Erdbeere (Obst), 4. Gurke (Gemüse), 5. Paprika (Gemüse), 6. Tomate (Gemüse), 7. Orange (Obst), 8. (Gemüse), 9. Banane (Obst)

3

Zucker: die Sahne, die Erdbeere, die Schokolade, das Eis, der Orangensaft, der Kaffee, die Marmelade, der Kuchen
Salz: die Kartoffel, das Ei, die Nudel, der Käse, die Tomate, die Wurst, der Schinken, das Hähnchen, die Paprika, der Fisch, die Pommes

4

a) 1. eine, 2. ein, 3. ein, 4. ein, 5. eine, 6. ein
b) 1. Sauerkraut, 3. Butter, 4. Saft, 5. Ketchup, 6. Sahne

5

b, a, b, c, a, c, a

6

a) Weißbrot, Schinken, Zwiebeln, Tomaten, Bergkäse, Apfelkuchen
b) *Bäckerei* 1 Weißbrot – 4 Stück Apfelkuchen, *Fleischerei* 150 g Schinken, *Obst & Gemüse* 500 g Tomaten, *Käsespezialitäten* 150 g Bergkäse
c) 1. 6,70 €, 2. 2,85 €, 3. 3,60 €, 4. 2,30 €

7

\+ Sind die Erdbeeren frisch?
– Ja, die sind frisch.
\+ Darf ich eine probieren?
– Gern, wie viele möchten Sie?
\+ Was kostet ein Kilo?
– Das Kilo kostet 3,98 Euro.
\+ Geben Sie mir zwei Kilo.

8

2. Welches Kind?, 3. Welcher Mann?, 4. Welche Bücher?, 5. Welche Nachbarin?, 6. Welchen Termin?, 7. Welche Stühle?, 8. Welches Brot?

9

2. Magst, 3. mag, 4. mögen, 5. mag, 6. mögen

ich	mag	*wir*	mögen
du	magst	*ihr*	mögt
er/es/sie	mag	*sie/Sie*	mögen

10

a) am besten, besser, als, gut
b) viel, mehr, mehr, als, Am meisten
c) am liebsten/gern, gern, gern, lieber

11

Imke: 1. Pommes, 3. Eis, 4. Paprika
Marit: 1. Schokolade, 2. Eis, 3. Nudeln, 4. Tomaten

12

kochen, schneiden, Tomaten, schneiden, Fisch, geben, Salz, backen, verrühren

11 Kleidung und Wetter

1

a) Einkäuferin
b) 1a, 2b, 3b, 4c, 5b

2

gelb, blau, rot

3

2. modische Mäntel – bunte Krawatten, 3. helle Stiefel – dunkelrote Mäntel, 4. eine sportliche Jacke – ein buntes T-Shirt, 5. blaue Anzüge – warme Stiefel, 6. einen kurzen Rock – ein dunkles Abendkleid

4

1. Michael – Hose – Jacke, 2. Birgit – Rock – T-Shirt – Stiefel, 3. Robert – Mantel – Pullover, 4. Monika – Kleid – Schuhe, 5. Peter – Anzug – Hemd – Krawatte

5

zu lang, zu bunt, zu kurz, zu groß, zu hell, zu teuer

6

2. – (Pl.), 3. einen (Sg.), 4. einen (Sg.), 5. einen (Sg.), 6. – (Pl.), 7. – (Pl.), 8. eine (Sg.), 9. einen (Sg.), 10. eine (Sg.)

7

ein rotes T-Shirt, einen grünen Pullover, eine bunte Regenjacke, ein süßes Kleid, einen gelben Kapuzenpullover, eine kurze Hose

8

a) *von links nach rechts:* Marie, Laura, Lotta
b) 1. ein weißes T-Shirt, 2. ein buntes Kleid, 3. eine schwarze Jeans – eine helle Bluse
c) eine blaue Hose, einen roten Pullover

9

2. Ruth trägt eine dunkle Hose., 3. Ruth hat lange Haare., 4. Ruth mag kleine Autos., 5. Ruth hat einen alten Computer.

10

1. Welches – dieses, 2. diese – Welche, 3. Diesen – Welchen – dieser – Welcher

11
von oben nach unten: 3 – 1 – 7 – 5 – 9 – 2 – 6 – 4 – 8

12
warm, windig, Regen, kalt, bewölkt, geschneit, Schnee, Wolken, sonnig, geregnet, Wetter

12 Körper und Gesundheit

1
a) 2, 5, 6, 8, 9

2
senkrecht: 2. Finger, 3. Nase, 4. Hand, 5. Kopf, 6. Bauch
waagerecht: 1. Fuß (Fuss), 2. Ohr, 3. Mund, 4. Knie, 5. Bein, 6. Auge, 7. Hals

3
1. Nase, 2. Fieber, 3. Hals – Erkältung, 4. Bauchschmerzen, 5. Kopfschmerzen

4
a) 1c, 2d, 3b, 4a
b) *der:* Krankenpfleger, Krankenpfleger – Arzttermin, Arzttermine – Arztbesuch, Arztbesuche – Gesundheitstipp, Gesundheitstipps – Sportplatz, Sportplätze
das: Krankenhaus, Krankenhäuser – Gesundheitsproblem, Gesundheitsprobleme – Sportgerät, Sportgeräte
die: Arztpraxis, Arztpraxen – Gesundheitsberatung, Gesundheitsberatungen – Sportart, Sportarten

5
a) 1. *Anmeldung in der Arztpraxis:* 2b, 3a, 4b, 5a
2. *Im Sprechzimmer:* 1b, 2a, 3a, 4b, 5a

6
a) *Dialog A:* a, h, f, d
Dialog B: c, e, i, g, b

7
du: Iss öfter Fisch.
ihr: trinkt – Trinkt jeden Tag einen Liter Wasser.
Sie: nehmen – Nehmen Sie weniger Salz.

8
a) 2
b) 2. Lauf früh am Morgen!, 3. Nimm Getränke mit!, 4. Iss viel frisches Obst!, 5. Dusch vor dem Training kalt!

9
a) 2. Sieh nicht so viel fern!, 3. Geht öfter mal zu Fuß!, 4. Iss mehr Gemüse!, 5. Trinken Sie nicht so viel Alkohol!, 6. Nehmt nicht so viel Zucker!
b)

ich	darf	*wir*	dürfen
du	darfst	*ihr*	dürft
er/es/sie	darf	*sie/Sie*	dürfen

10
2. muss, 3. dürft, 4. Darfst, 5. muss, 6. musst, 7. darf, 8. darf, 9. müsst

11
a)

Nominativ	*Akkusativ*
ich	mich
du	dich
er/es/sie	ihn/es/sie
wir	uns
ihr	euch
sie/Sie	sie/Sie

b) dich (Akk.), wir (Nom.), Du (Nom.), ich (Nom.), Ihr (Nom.), ihn (Akk.), euch (Akk.), er (Nom.), Er (Nom.), du (Nom.), du (Nom.), sie (Akk.), uns (Akk.)

Leben in Deutschland 4

1
a) 1b, 2d, 3c, 4a
b) Sharook: d, Aishe: b, Martina: c

2
a) 1c, 2e, 3b, 4d, 5a
b) richtig: 3, 5 – falsch: 1, 2, 4
Korrektur: 1. Die Gesundheitskarte brauche ich für den Besuch beim Arzt.
2. Das Rezept brauche ich für Medikamente in der Apotheke.
4. Die Krankschreibung schickt man an die Krankenkasse.

Inhalt

Start auf Deutsch

1 Deutsch lernen mit studio [21] – Sprache im Kurs

a) **Was machen Sie? Ordnen Sie zu.**

> 1.02 **1** Fotos und Töne. **Hören Sie.**
> **Wo ist das? Was kennen Sie?**
> a) **Was gehört zusammen?**
> **Ordnen Sie die Fotos zu.**

> 1.07 **2** Städtediktat. **Hören Sie und schreiben Sie die Städtenamen.**

> **3** Kursparty
> a) **Fragen Sie und antworten Sie.**
> b) **Suchen Sie eine Partnerin / einen Partner.**
> **Notieren Sie.**

> **4** *Aus oder in?*
> a) **Ergänzen Sie.**

> **5** Spiel. **Buchstabieren Sie und schreiben Sie die Namen.**

> **6** Üben Sie. **Sprechen Sie schnell.**

a

b

c

a	b	c
....	Buchstabieren Sie.	Ordnen Sie zu.
	....	....
	....	....
	....	....

02 b) **Hören Sie und ergänzen Sie.**

1. Ergänzen Sie.
2. A.................... Sie.
3. B.................... Sie die Namen.
4. N.................... Sie.
5. F.................... Sie.
6. H.................... Sie den Dialog.
7. L.................... Sie den Text.
8. K.................... Sie an.
9. V.................... Sie.
10. M.................... Sie.

c) Was passt? Ordnen Sie 1–10 aus b) zu.

a

1. Wo wohnen Sie? .... Frankfurt.

1

b

Name?

Woher?

☐

c

Entschuldigung, ist hier frei? 1 — a Tee, bitte.

Marina, das ist Conny. 2 — b Ja klar, bitte.

☐

d

Wie ist Ihr Name?

☐

e

a ☐ Fanta mit viel Eis.

b ☐ Fanta mit wenig Eis.

☐

f

☐

g

☐

h

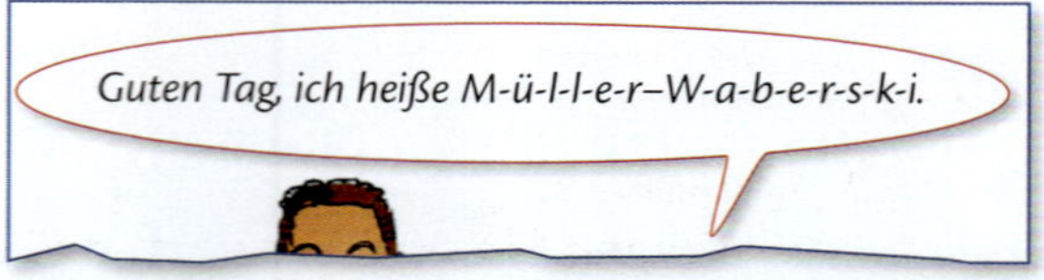

☐

i

1. Das ist **Markus Bernstein**. Herr Bernstein ist 42 Jahre alt. Er wohnt mit seiner Familie in Kronberg. In 30 Minuten ist er am Airport in Frankfurt. Er ist Pilot bei der Lufthansa. Herr Bernstein mag seinen Job. Er fliegt

☐

j

2. **Ralf Bürger** ist Student an der Friedrich-Schiller-Universität in Jena. Das ist in Thüringen. Ralf studiert Deutsch und Interkulturelle Kommunikation. Er ist im 8. Semester. Seine Freundin **Magda Sablewska** studiert auch

☐

2 Wörter im Kontext lernen. Was passt nicht? Streichen Sie durch.

1. Texte: Schreiben Sie. – Lesen Sie. – ~~Antworten Sie.~~
2. Wörter: Notieren Sie. – Schreiben Sie. – Fragen Sie.
3. Dialoge: Buchstabieren Sie. – Hören Sie. – Lesen Sie.
4. Fotos und Wörter: Verbinden Sie. – Antworten Sie. – Ordnen Sie zu.

3 Dialoge im Kurs

a) Markieren Sie die Wortgrenzen und schreiben Sie die Dialoge.

1. HERR|YILMAZ,WOWOHNENSIE?ICHWOHNEINWIESBADEN.DASISTBEIMAINZ.UNDSIE,FRAUNOVAK?ICHWOHNEINFRANKFURT.

....

....

....

2. FRAUKIM,WOHERKOMMENSIE?ICHKOMMEAUSKOREA.UNDSIE,HERRCHAN?ICHKOMMEAUSPEKING.DASISTINCHINA.

....

....

....

03 **b) Alles richtig? Hören Sie und kontrollieren Sie mit der CD.**

1 Kaffee oder Tee?

1 Themen und Texte

a) Welche Wörter verstehen Sie? Lesen Sie und markieren Sie.

NEUER REKORD Rock am Ring live im TV

Nürburg. Über 25 Jahre hören Rockmusikfans auf dem populären Open-Air-Festival laute Musik und machen Party. Man muss aber nicht auf dem Konzert in Nürburg sein. Jim und Eve aus London und viele internationale Rockmusikfans können die EinsPlus-Liveübertragung im Fernsehen sehen. mehr

1

CeBIT
Sicherheit für PC und Cloud

HANNOVER. Auf der größten internationalen Computermesse präsentieren Softwareentwickler neue Antiviren-Programme für PC und Cloud Computing. Die digitale Identität beim Online-Banking und -Shopping ist mit den neuen Programmen optimal geschützt. Die Firma Baier & Maier aus Ingolstadt zeigt die neueste Version von Kaspersky PURE 3.0 Total Security. mehr

2

Trend aus Amerika

Und was nehmen Sie?

FRANKFURT. „Tee oder Kaffee?" ist nicht die Frage. Die Frage ist: „Hier trinken oder to go?", also zum Mitnehmen. Die Getränke Espresso, Cappuccino, Latte Macchiato, Chai Latte, das ist ein Tee mit viel Milch aus Indien, und Co. trinken die Amerikaner gern im Winter warm, im Sommer auch mal mit Eis. mehr

3

b) Welcher Text passt? Ordnen Sie zu.

a ☐ Computer b ☐ Musik c ☐ Getränke

c) *Wo, woher* oder *was*? Ergänzen Sie.

1. .... kommen Jim und Eve? ☐
2. .... ist Nürburg? ☐
3. .... ist die CeBIT? ☐
4. .... kommt die Firma Baier & Maier? ☐
5. .... trinken die Amerikaner gern? ☐
6. .... ist „Chai Latte"? ☐

d) Welche Antwort passt? Ordnen Sie in c) zu.

a In Hannover.
b Aus Ingolstadt.
c Espresso, Chai Latte, Cappuccino …
d Tee mit viel Milch.
e Aus London.
f In Deutschland.

2 Zahlen lesen. Schreiben Sie die Antworten in Zahlen.

1. Wie ist die Nummer vom Deutschkurs?
   Die Kursnummer ist .... (einhunderteins).
2. Wir möchten bitte zahlen.
   Das macht zusammen .... € (sechzehn Euro siebzig).
3. Wo wohnst du?
   In der Schillerstraße .... (achtunddreißig).
4. Wie ist die Nummer von Maria?
   .... (vierundsiebzig sechsunddreißig zweiundachtzig).

3 Minidiktate. Hören Sie und ergänzen Sie.

04

1. Die Nummer von Frau Meier ist ....
2. Die Nummer vom Deutschkurs ist ....
3. Die Nummer von Lisa ist ....
4. Herr Yilmaz zahlt .... €.
5. Tina zahlt für zwei Milchkaffee und ein Wasser .... €.

4 Im Café. Ergänzen Sie.

bist – ist – heiße – komme – komme – kommst – möchten – nehme – nehme – trinkst – wohnst – wohne

Hallo, ... du auch im Deutschkurs?

Ja. Ich .... Laura und du?

Hallo Laura, mein Name .... Pradeep.

Woher .... du? Ich .... aus Spanien. Und du?

Ich .... aus Indien. .... du hier in Mannheim?

Nein, ich .... in Weinheim. In Weinheim? Ich auch!

.... Sie bestellen?

Ja, ich .... Espresso. Und was .... du?

Ich .... Chai Latte.

5 Wörter lernen. Was passt nicht? Streichen Sie durch.

1. Buch: schreiben – wohnen – nehmen – lesen
2. Wörter: sortieren – schreiben – heißen – üben
3. Deutsch: sammeln – lernen – verstehen – sprechen
4. Kakao: trinken – sortieren – nehmen – bestellen

6 Getränke

a) Was ist das? Schreiben Sie.

1. .... (aceeffhiklM)
2. .... (einoRtw)
3. .... (aerssW)
4. .... (aefgnnOrsta)
5. .... (Eeeist)
6. .... (aaKko)

b) Ordnen Sie die Fotos zu.

☐ 

☐ 

☐ 

☐ 

☐ 

☐ 

7 Personen vorstellen. Schreiben Sie wie im Beispiel.

Name: Eva
Land: Peru
Wohnort: Berlin
Kurs: Yoga

1. Das ist Eva. Sie kommt aus Peru und wohnt in Berlin. Sie ist im Yogakurs. ....

Name: Rahul
Land: Indien
Wohnort: Hamburg
Kurs: Fotografie

2. ....

Name: Ying Xie
Land: China
Wohnort: Dortmund
Kurs: Computer

3. ....

Name: Paul und Jenny
Land: England
Wohnort: Bremen
Kurs: Deutsch

4. ....

8 *Mit oder ohne?*

a) Schreiben Sie die Antworten.

1. Lernen Sie Deutsch mit oder ohne *studio [21]*?
   Ich lerne Deutsch mit studio 21. ....
2. Trinken Sie Tee mit oder ohne Zucker?
   ....
3. Nehmen Sie Wasser mit oder ohne Eis?
   ....
4. Üben Sie Verben mit oder ohne Wortakzent?
   ....
5. Schreiben Sie das Wort „Tür“ mit oder ohne „h“?
   ....

bezahlen, er bezahlt,
er hat bezahlt 1/4.4b

Tür *f* (-; -*en*) puerta *f*; (*Wagen*2) portezuela *f*; *fig.* ~ *und Tor öffnen* abrir de par en par las puertas a; *fig. offene* ~*en einrennen* pretender demostrar lo evidente; *j-m die* ~ *weisen*,

05 **b) Hören Sie die Fragen und sprechen Sie die Antworten schnell.**

9 Das Verb *sein*

a) Ergänzen Sie.

ich	....	wir	....
du	bist	ihr	....
er/es/sie	....	sie/Sie	sind

b) Kontrollieren Sie mit dem Minimemo im Deutschbuch auf Seite 19.

c) Ergänzen Sie.

1. Guten Tag, ... hier noch frei?
   Ja, bitte. Sind Sie auch im Deutschkurs?
   Nein, ich .... im Spanischkurs.
2. Hallo, Alida. Das .... Cai und Hung.
   Hallo, Cai. Hallo, Hung. .... ihr aus China?
   Nein, wir .... aus Vietnam. Und du? Woher .... du?
   Ich komme aus Deutschland.
3. .... Susanna auch im Yogakurs?
   Nein, sie und Aziz .... im Salsakurs.

06 **d) Alles richtig? Hören Sie und kontrollieren Sie mit der CD.**

10 Konjugation. Welche Karte passt? Ordnen Sie die Verben zu. Manchmal gibt es zwei Möglichkeiten.

bist – komme – ~~trinkt~~ – ist – heiße – nehmen – möchtet – kommst – wohne – antwortet – möchten – sind – zahlen – habe – sammelt – sprichst

ich	du	er/es/sie
		trinkt

wir	ihr	sie/Sie
	trinkt	

2 Sprache im Kurs

1 Menschen und Texte

a) Wer macht was? Lesen Sie und kreuzen Sie an.

Menschen aus aller Welt 21

Stefan Rohrbach und *Akgün* sind verheiratet. Er kommt aus Köln und sie aus Istanbul. Sie haben ein Kind und leben seit 2012 in Ankara. Das ist in der Türkei. Akgün arbeitet bei Bosch. Stefan lernt Türkisch. Er findet die Sprache nicht einfach. Er sucht noch Arbeit.

Karin Naumann kommt aus Dresden. Sie ist Deutschlehrerin an einer Schule in Berlin und lebt mit ihrem Hund in Potsdam. Im Moment lernt sie Spanisch. Sie möchte an der deutschen Schule in Madrid arbeiten. Karin hat ein Motorrad. Das ist ihr Hobby.

Tan Lin Lin ist aus China und spricht sehr gut Deutsch und etwas Englisch. Sie studiert in Jena Biologie, ist verheiratet und lebt allein in Deutschland. Lin Lins Mann arbeitet in Shanghai. Sie möchte später auch in Shanghai arbeiten und ein Kind haben.

Nick McLaughlin kommt aus Dublin. Das ist eine Stadt in Irland. Er arbeitet bei Siemens in München und macht einen Deutschkurs am Goethe-Institut. Das ist wichtig für seine Arbeit. Nicks Hobbys sind Lesen und Fußball. Er lebt mit seiner Freundin Eva zusammen.

Jeff Johnson aus den USA ist Manager. Er arbeitet bei FedEx in Frankfurt. Er fliegt oft von Frankfurt nach New Jersey. Jeffs Frau und Kinder leben in den USA. Die Arbeit in zwei Ländern ist kein Problem. Er lernt gerne Deutsch und spricht schon sehr gut.

	Stefan	Akgün	Karin	Lin Lin	Nick	Jeff	
1.	☒	☐	☐	☐	☐	☐	lernt eine Sprache.
2.	☐	☐	☐	☐	☐	☐	hat keine Arbeit.
3.	☐	☐	☐	☐	☐	☐	ist verheiratet.
4.	☐	☐	☐	☐	☐	☐	lebt allein.
5.	☐	☐	☐	☐	☐	☐	hat ein Kind / Kinder.

07

b) Wer sagt das? Hören Sie und ergänzen Sie die Namen.

1. ....
2. ....
3. ....
4. ....
5. ....

2 Dialoge im Deutschkurs

a) Wer sagt was? Die Kursleiterin (KL) oder der Kursteilnehmer (KT)? Lesen Sie und kreuzen Sie an.

1.

		KL	KT
....	Kein Problem. Die Frage ist: Woher kommt Frau Kim?	☐	☐
..1...	Das verstehe ich nicht. Können Sie die Frage bitte wiederholen?	☐	☒
....	Frau Kim? Keine Ahnung.	☐	☐

2.

		KL	KT
....	Noch einmal: Das ist eine Brille. Die Brille.	☐	☐
....	Wie heißt das auf Deutsch?	☐	☐
..3...	Das verstehe ich nicht. Können Sie das bitte wiederholen?	☐	☒
....	Das ist eine Brille.	☐	☐

3.

		KL	KT
..2...	Können Sie das bitte buchstabieren?	☐	☒
....	Können Sie das Wort bitte anschreiben?	☐	☐
....	Das ist ein Wörterbuch.	☐	☐
....	W-Ö-R-T-E-R-B-U-C-H.	☐	☐
....	Na klar, gerne.	☐	☐

b) Bringen Sie die Dialoge in die richtige Reihenfolge.

08 **c) Was passt? Hören Sie und ordnen Sie zu.**

a 4

b ☐

c ☐

d ☐

e ☐

08 **d) Hören Sie noch einmal und ergänzen Sie.**

1. I..... ..... h..... .... e..... .....e F..... ....
2. K..... ....en w..... ..... e.....ne P..... .... m..... ....n?
3. W..... ..... h..... ....t d.....r P..... .....ra ..... v.....n S..... .....hl?
4. D.....s v..... ....e i..... ..... n..... ....t.
5. W.....s i..... ..... d..... .....?

3 **Im Kursraum. Was ist das? Schreiben Sie die Nomen mit Artikel.**

1. ....
2. ....
3. ....
4. ....
5. ....
6. das Buch
7. ....

4 **Nomen im Plural. Wie heißt die Endung? Arbeiten Sie mit der Wörterliste im Deutschbuch und ergänzen Sie.**

1. Endung: ¨-e
   a der Stuhl
   b der Saft
   c der Ton

2. Endung: ....
   a das Heft
   b der Bleistift
   c der Hund

3. Endung: ....
   a das Kind
   b das Bild

4. Endung: ....
   a das Wort
   b der Mann
   c das Buch

5. Endung: ....
   a der Name
   b die Frage
   c die Tafel

6. Endung: ....
   a die Rechnung
   b die Frau
   c die Tür

7. Endung: ....
   a das Mädchen
   b das Fenster
   c der Becher

8. Endung: ....
   a das Büro
   b der Kuli
   c das Handy

5 **Nomen mit Artikel und Pluralform lernen**

a) **Was ist das? Schreiben Sie.**

	Artikel	Singular	Artikel	Plural
1. 	....	....	die	....
2. 	....	....	die	....
3. 	....	....	die	....
4. 	....	....	die	....

		Artikel	Singular	Artikel	Plural
5.		....	....	die	....
6.		....	....	die	....
7.		....	....	die	....
8.		....	....	die	....

09 **b) Hören Sie und sprechen Sie nach.**

6 *Die, eine* oder kein Artikel (Plural)? **Ergänzen Sie oder machen Sie einen Strich (–).**

1. Ist das ....eine.... Tasche?
   Ja, das ist .... Tasche von Frau Cem.
2. Sind das .... Hefte?
   Nein, das sind .... Bücher.
3. Ist das .... Handy?
   Ja, das ist .... Handy von Martin.
4. Ist das .... Löwe?
   Nein, das ist doch kein Löwe! Das ist .... Hund von Tom.
5. Ist das .... Becher?
   Nein, das ist .... Tasse.
6. Sind das .... Füller?
   Nein, das sind .... Kulis.

7 Da ist ein ..., aber kein ... **Sehen Sie das Bild in Übung 3 auf Seite 12 und schreiben Sie Sätze wie im Beispiel.**

1. der Ordner – das Heft ..... Da ist ein Ordner, aber kein Heft.
2. der Tisch – die Tafel ....
3. der Kuli – der Füller ....
4. das Handy – die Tasche ....
5. der Becher – das Brötchen ....

3 Städte – Länder – Sprachen

1 Menschen und Sprachen in Deutschland

a) Was passt zusammen? Wissen Sie das? Raten Sie und verbinden Sie.

82.000.000	1	a	Türken leben in Deutschland.
69.700.000	2	b	Menschen in Deutschland kommen aus 194 Ländern.
2.500.000	3	c	Deutsche sprechen Englisch.
10.700.000	4	d	Menschen leben im Jahr 2012 in Deutschland.

b) Alles richtig? Lesen Sie und kontrollieren Sie Ihre Lösung in a).

Im Jahr 2012 leben 82 Millionen Menschen in Deutschland. Das sind 71,3 Millionen Deutsche und 10,7 Millionen Menschen aus 194 Ländern. Viele leben mit ihren Familien in Deutschland und arbeiten oder studieren hier. Diese Menschen sprechen eine Muttersprache, das ist die Sprache aus der Heimat, Deutsch und andere Sprachen wie Englisch. 2,5 Millionen Menschen in Deutschland sind Türken. Sie sprechen Türkisch und Deutsch. Alle Kinder in Deutschland lernen Englisch. So sprechen 85 % der Deutschen Englisch. Das sind 69,7 Millionen Menschen. Viele Deutsche sprechen auch Französisch, Spanisch, Russisch oder Italienisch.

c) *Wer, was, woher*? Schreiben Sie Fragen zum Text in b).

1. Wer ....? – Alle Kinder in Deutschland.
2. Woher ....? – Aus der Türkei.
3. Was ....? – Das ist die Sprache aus der Heimat.

d) Wie ist das in Ihrer Heimat? Ergänzen Sie.

Ich komme aus .... Dort leben .... Menschen und man spricht .... Viele sprechen auch .... Ich spreche ....

2 Welche Sprachen sprechen die Deutschen? Hören Sie und ergänzen Sie die Sprachen.

10

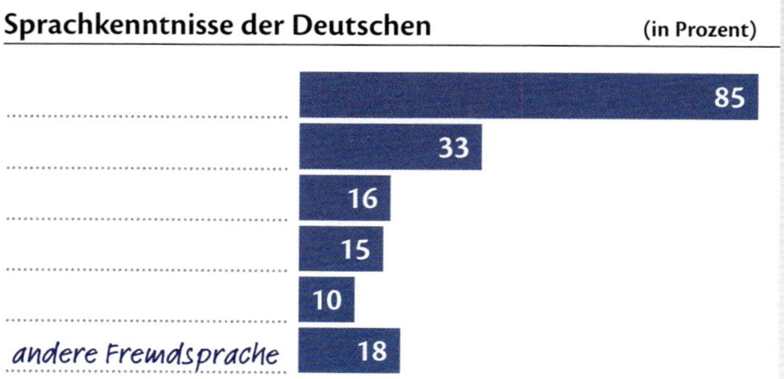

3 **Wo und woher? Ländernamen mit Artikel. Lesen Sie das Minimemo und schreiben Sie Sätze wie im Beispiel.**

1. Gül: Türkei *(f)*, Deutschland *(n)*

   Gül kommt aus der Türkei, aber sie lebt in Deutschland.

2. Paul: USA *(Pl.)*, England *(n)*

   ....

3. Albina: Iran *(m)*, Slowakei *(f)*

   ....

4. Antonio: Schweiz *(f)*, Niederlande *(Pl.)*

   ....

Minimemo

wo? in Deutschland (n)
in der Türkei (f)
in der Slowakei (f)
in den USA (Pl.)
in den Niederlanden (Pl.)
im Iran (m)

woher? aus Deutschland (n)
aus der Türkei (f)
aus der Slowakei (f)
aus den USA (Pl.)
aus den Niederlanden (Pl.)
aus dem Iran (m)

4 **Acht Städte in Deutschland, Österreich und der Schweiz. Suchen Sie die Namen und ergänzen Sie die Sätze. Arbeiten Sie mit der Karte auf Seite 51 im Deutschbuch.**

1 

2 

8 

7 

G	U	J	Y	N	R	M	B	B	K	D	O	D	G	K
G	B	Y	U	O	U	G	E	O	K	F	P	O	D	R
Q	J	J	V	N	U	H	K	R	L	N	P	D	R	O
B	V	Y	N	K	**B**	**E**	**R**	**L**	**I**	**N**	B	U	E	X
E	H	A	N	N	O	V	E	R	I	V	R	M	S	A
R	M	R	Q	I	P	H	A	M	B	U	R	G	D	W
N	F	S	W	D	X	Q	D	J	X	W	X	G	E	B
K	P	V	V	Q	E	U	I	L	U	Z	E	R	N	C
J	D	S	V	J	Z	U	B	O	D	Q	J	A	Z	X
B	V	B	P	B	P	W	I	E	N	P	O	Z	Q	E

3 

4 

5 

6 

1. Berlin ist die Hauptstadt von Deutschland. Die Stadt liegt nordöstlich von Leipzig.
2. Die Hauptstadt von Österreich heißt .... Sie liegt östlich von St. Pölten.
3. .... ist die Hauptstadt von der Schweiz. Die Stadt liegt südlich von Basel.
4. .... liegt in Norddeutschland, nordöstlich von Bremen.
5. .... ist in Österreich. Die Stadt liegt im Südwesten von Wien.
6. .... liegt nördlich von Göttingen.
7. .... ist in Deutschland. Die Stadt liegt östlich von Erfurt.
8. .... ist eine Stadt in der Schweiz. Sie liegt südwestlich von Zürich.

5 Präsens oder Präteritum?

a) Ergänzen Sie das Verb *sein* im Präsens oder Präteritum.

1. Hallo, Alfiya und Lena, *wart* ihr in Köln?
   Nein, wir .... in Berlin. .... du schon mal dort?
   Ja. Ich finde Berlin gut.
2. Ute, *bist* du aus Bremen?
   Nein, ich .... aus Hamburg. Fatih, ... du schon mal in Hamburg?
   Nein, ich .... noch nicht in Hamburg.
3. Herr Meier, ... Sie schon mal in London?
   Ja, ich .... schon mal in London, in der Tate Gallery.
   .... das ein Museum?
   Ja. Ich gehe gern in Museen.
4. Ich .... gestern im Konzert von Yo-Yo Ma. Du auch?
   Nein, ich nicht. .... Thomas auch dort?
   Keine Ahnung.

11 **b) Hören Sie und schreiben Sie die Antworten.**

1. Wo sind Alfiya und Lena? *Alfiya und Lena sind jetzt in München.*
2. Wo war Fatih schon mal? ....
3. Woher kommt Herr Meier? ....
4. Was hat Thomas? ....

6 Das Verb *sprechen*

12 **a) Hören Sie und ergänzen Sie.**

1. *Sprichst* du Deutsch? Ja, etwas.
2. Rodrigo, welche Sprache .... ihr in Peru?
   In Peru? Spanisch und Ketschua.
3. Herr Kluge, Sie sind mit Satomi verheiratet. Welche Sprache .... Sie mit Satomi?
   Ich .... mit Satomi Japanisch. Sie .... aber auch schon gut Deutsch.
4. Welche Sprachen .... du? Ich .... Deutsch, Englisch und etwas Italienisch.
5. Ich verstehe das nicht. Welche Sprache ist das?
   Entschuldigung, wir .... Chinesisch.

Minimemo
du, er, es, sie:
e zu i

b) Ergänzen Sie.

ich	....	wir	....
du	....	ihr	....
er/es/sie	....	sie/Sie	....

7 Fragen stellen

a) Ergänzen Sie die Fragewörter.

Was trinkst du?	1		a	Musik.
.... kommt Maya?	2		b	Danke, gut. Und dir?
.... lebt die Familie von Yijiang?	3		c	Bei Opel.
.... ist das?	4		d	Aus der Schweiz.
.... liegt Wiesbaden?	5		e	In Nordchina.
.... studiert Sarah?	6		f	Wasser, bitte.
.... arbeitet Sam?	7		g	Das ist Chantal. Sie kommt aus Frankreich.
.... geht's?	8		h	In der Nähe von Frankfurt.

b) Was passt zusammen? Verbinden Sie in a).

c) Schreiben Sie die Fragen aus a) als Satzfragen.

1. *Trinkst du Wasser?*
2. *Kommt Maya aus der Schweiz?*
3. ....
4. ....
5. ....
6. ....
7. ....
8. ....

8 W-Frage oder Satzfrage? Schreiben Sie Fragesätze.

1. Ahmed, *trinkst du Bier* ....?
   Nein. Ich trinke kein Bier.
2. *Wo* ...., Eva und Michael?
   Wir wohnen in der Wolfhager Straße.
3. Herr Kim, ...?
   Nein, ich komme nicht aus China. Ich komme aus Korea.
4. Laura, ...?
   Ich spreche Italienisch, Englisch und Spanisch.
5. Herr und Frau Schiller, ...?
   Ja, wir waren gestern in Amsterdam.
6. ...., Marisa und Antonio?
   Wir kommen aus Chile.

9 Frage oder Aussagesatz?

13

a) Hören Sie und ergänzen Sie „." oder „?".

1. Kommst du aus Prag *?* Ja ... Liegt Prag in der Nähe von Wien ...
2. Ich spreche etwas Deutsch ... Lernst du auch Deutsch ...
   Nein, meine Muttersprache ist Deutsch ...
3. Die Akropolis ist in Athen ... Wo ist das ... Das ist in Griechenland ...
4. Wie bitte ... Das verstehe ich nicht ...

b) Hören Sie noch einmal und sprechen Sie nach.

Leben in Deutschland 1

Staatsgrenze — Landesgrenze — Berlin Bundeshauptstadt — Landeshauptstadt

1 Ich wohne in ... **Wo wohnen Sie? Woher kommen Sie? Wo arbeiten Sie? Schreiben Sie Sätze.**

Ich wohne in Unna, in der Nähe von Dortmund. Das ist in Nordrhein-Westfalen.

Ich komme aus ... und arbeite in ... Das ist bei ...

Ich war in ... Jetzt wohne ich in ...

2 Die Bundesrepublik Deutschland

a) Bundesländer und Landeshauptstädte. Ergänzen Sie. Die Karte auf Seite 18 hilft.

Deutschland ist eine Bundesrepublik. Seit 1990 gibt es sechzehn Bundesländer.

N … … … … … … … … … … … … mit der Hauptstadt H … … … … … … … liegt in Norddeutschland und grenzt im Westen an die Niederlande, im Norden an die Nordsee und im Nordosten an S … … … … … … … … -H … … … … … … … mit der Landeshauptstadt K … … … . Die Stadt liegt nördlich vom Stadtstaat H … … … … … … . Stadtstaaten sind kleine Bundesländer. Die Bundeshauptstadt B … … … … … und die Stadt B … … … … … sind auch Stadtstaaten. Das Bundesland M … … … … … … … … … … -V … … … … … … … … … liegt im Nordosten von Deutschland an der Ostsee. Die Landeshauptstadt S … … … … … … … ist im Norden von M … … … … … … … … . Das ist die Hauptstadt von S … … … … … … -A … … … … … . P … … … … … … , die Landeshauptstadt von B … … … … … … … … … … , liegt in der Nähe von Berlin und nördlich von D … … … … … … . Das ist die Hauptstadt von S … … … … … … . Westlich von Dresden liegt E … … … … … in T … … … … … … … … .

b) Wo liegt das? Schreiben Sie wie im Beispiel.

1. Düsseldorf (Nordrhein-Westfalen) – Bonn
2. Saarbrücken (Saarland) – Trier
3. Mainz (Rheinland-Pfalz) – Frankfurt
4. Wiesbaden (Hessen) – Würzburg
5. Stuttgart (Baden-Württemberg) – Freiburg
6. München (Bayern) – Augsburg

1. Düsseldorf ist die Hauptstadt von Nordrhein-Westfalen. Die Stadt liegt nordwestlich von Bonn.
2. Saarbrücken ist die Hauptstadt vom …

c) Wo ist das? Ordnen Sie die Städte von Westen nach Osten.

1 Park Wilhelmshöhe, Kassel

2 Altes Rathaus, Leipzig

3 Kölner Dom, Köln

4 Frauenkirche, Dresden

5 Krämerbrücke, Erfurt

Westen ☐ ☐ ☐ ☐ ☐ Osten

4 Menschen und Häuser

1 Florian und seine Wohngemeinschaft

a) Lesen Sie den Text. Richtig oder falsch? Kreuzen Sie an.

	richtig	falsch
1. Florian wohnt im Zentrum von Köln.	☐	☐
2. In Köln sind Wohnungen nicht teuer.	☐	☐
3. Florians Zimmer hat keinen Balkon.	☐	☐
4. Das Wohnzimmer ist groß.	☐	☐
5. Die Küche ist klein.	☐	☐
6. In der Wohnung gibt es nur ein Badezimmer.	☐	☐

Umzug

Senden | Option

Datei Bearbeiten Ansicht Einfügen Format Extras Aktionen ?

An...: arifin@gronline.id

Cc...:

Betreff: Meine Wohngemeinschaft

Hallo Arifin,

vielen Dank für deine E-Mail. Dein Deutsch ist schon sehr gut! ☺
Du schreibst, du lebst bei deinen Eltern in Jakarta. Meine Eltern leben auf dem Land. Da gibt es nicht viel Arbeit. Ich arbeite in Köln und wohne im Stadtzentrum. Hier gibt es viele Restaurants, Supermärkte und Kinos.
Köln ist eine Großstadt und die Wohnungen sind teuer. Ich lebe mit Stefan und Cem in einer Wohngemeinschaft. Das ist nicht so teuer. Jeder hat ein Zimmer und wir haben ein Bad, eine Küche und ein Wohnzimmer. Mein Zimmer ist hell und groß, aber es hat keinen Balkon. Die Küche ist groß. Cem und ich kochen gern. Dann essen wir zu Hause. Unser Wohnzimmer ist etwas klein für drei Personen. Dort gibt es nur ein Sofa und zwei Sessel. Wir haben keinen Platz für einen Wohnzimmertisch. Wir haben auch einen Fernseher im Wohnzimmer und sehen zusammen Fussball oder Filme. Morgens ist es hier etwas chaotisch. Alle wollen schnell ins Badezimmer!
Im August machst du einen Deutschkurs in Köln. Super! Cem ist im August in Istanbul. Sein Zimmer ist frei. Du kannst hier schlafen.
Fliegst du nach Frankfurt? Dann komme ich. Ich habe ein Auto.

Viele Grüße
Florian

b) Wer macht was: Arifin, Florian, Stefan oder Cem? Lesen Sie noch einmal und ergänzen Sie die Namen.

1. .... lebt bei seinen Eltern.
2. .... kocht nicht so gern.
3. .... lernt Deutsch.
4. .... ist im August nicht in Deutschland.
5. .... arbeitet in Köln.

2 Probleme!?

14 **a) Hören Sie die Probleme und notieren Sie die Adjektive.**

1. kalt ....
....

4. ....
....

2. ....
....

5. ....
....

3. ....
....

6. ....
....

b) Was ist das Gegenteil? Ergänzen Sie in 2a).

15 **c) Hören Sie und kontrollieren Sie die Adjektive in 2a).**

3 Die Wohnung von Stefan

16 **a) Hören Sie den Dialog. Richtig oder falsch? Kreuzen Sie an.**

	richtig	falsch	
1. Das Café ist alt.	☐	☒	Das Café ist neu.
2. Die Gartenstraße ist laut.	☐	☐	....
3. Die Autos fahren langsam.	☐	☐	....
4. Die Zimmer sind dunkel.	☐	☐	....
5. Der Balkon ist klein.	☐	☐	....
6. Die Wohnung ist billig.	☐	☐	....

b) Korrigieren Sie die falschen Sätze in 3a) wie im Beispiel.

4 Mein, dein, sein – meine, deine, ihre

a) Maskulinum (*m*), Neutrum (*n*) oder Femininum (*f*)? Plural (*Pl.*)? Kreuzen Sie an.

	m	*n*	*f*	*Pl.*
1. Schule	☐	☐	☒	☐
2. Auto	☐	☐	☐	☐
3. Büro	☐	☐	☐	☐
4. Kinder	☐	☐	☐	☐
5. Freunde	☐	☐	☐	☐
6. Zimmer	☐	☒	☐	☒
7. Lehrerin	☐	☐	☐	☐
8. Mann	☐	☐	☐	☐

b) Ergänzen Sie die Possessivartikel.

1. Das ist Klaus.
Das war ......*seine*...... Schule.

2. Das sind wir.
Das war .... Auto.

3. Das bin ich.
Das war .... Büro.

4. Seid ihr das?
Waren das .... Kinder?

5. Bist du das?
Waren das .... Freunde?

6. Das ist Ute.
Das war .... Zimmer.

7. Das sind Keiko und Natascha.
Das war .... Lehrerin.

8. Sind Sie das?
War das .... Mann?

5 Possessivartikel. Ergänzen Sie.

1. Wie viele Zimmer hat ....*Ihre*........ Wohnung, Herr Neumann?
2. Jutta, ist das .... Heft?
3. Gehen wir heute Abend ins Konzert? Wo sind denn .... Karten?
4. Kirsten hat ein Auto, aber .... Auto ist zu klein für den Umzug.
5. Kinder, wo sind .... Bücher?
6. Herr und Frau Chaptal und .... Kinder kommen aus Brüssel.
7. Das Zimmer von Wolfgang ist klein. .... Bücherregal steht im Flur.

6 **Artikelwörter. Bestimmt oder unbestimmt, Nominativ oder Akkusativ? Kreuzen Sie an und ordnen Sie die Artikel zu.**

> die – das – eine – die – einen – einen – ein – das – die – eine – der

	bestimmt	unbestimmt	Nominativ	Akkusativ
1. Ich suche in Kassel .... Wohnung.	☐	☐	☐	☐
2. Daniel bestellt .... Kaffee.	☐	☐	☐	☐
3. .... Kaffee schmeckt sehr gut hier!	☐	☐	☐	☐
4. Kennen Sie .... Leute dort?	☐	☐	☐	☐
5. Wann beginnt heute .... Konzert von „Pur“?	☐	☐	☐	☐
6. Frau Gabler, ich habe .... Frage.	☐	☐	☐	☐
7. Meine Eltern haben .... Haus in München.	☐	☐	☐	☐
8. Wie findest du .... Uni hier?	☐	☐	☐	☐
9. Wie heißt .... Hauptstadt von England?	☐	☐	☐	☐
10. Entschuldigung, hast du .... Kuli für mich?	☐	☐	☐	☐
11. Wo ist .... Auto von Peter?	☐	☐	☐	☐

7 **Mein Traumhaus. Ergänzen Sie die unbestimmten Artikel im Nominativ oder Akkusativ.**

Mein Traumhaus ist groß und alt. Es hat vier Zimmer, ...*eine*.... Küche, ... Badezimmer und .... Flur. Im Wohnzimmer sind .... Sofa, zwei Sessel, ... Tisch und .... Bücherregale. Die Küche ist klein, aber das Esszimmer ist groß. Da stehen .... Tisch und .... Schrank. Im Arbeitszimmer habe ich .... Schreibtisch, ... Computer und .... Regal. Das Schlafzimmer ist ruhig und dunkel. Da steht nur .... Bett. Das Haus hat auch .... Garten. Der Garten ist groß. Es gibt nur .... Problem: Das Haus ist viel zu teuer. Das ist leider alles nur .... Traum!

> **Tipp**
> Im Plural gibt es keinen unbestimmten Artikel.

8 Zwei Zimmer im Studentenwohnheim

17

a) Welches Zimmer gehört Susanne, welches Bernd? Hören Sie und notieren Sie die Namen.

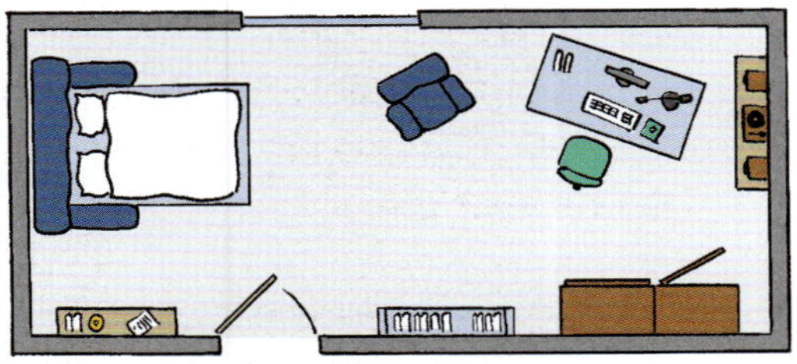

1. ....

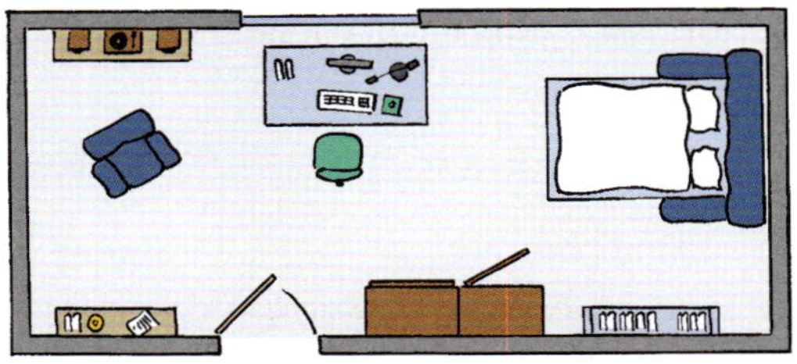

2. ....

b) Welches Wort passt? Lesen Sie und kreuzen Sie an.

Susanne ist Studentin. Sie lebt im Wohnheim. Das ist nicht so ....[1]. Ihr Zimmer ist klein, ...[2] hell. Es gibt ein Fenster. Links von der Zimmertür ist ein Bücherregal und ein ....[3]. Sie hat auch einen Schreibtisch und ....[4] Stuhl. Ihr Sessel ist am Fenster. Da liest sie. Bernd wohnt ....[5] im Studentenwohnheim. Sein Zimmer findet er zu klein, aber es ist hell. Das ist wichtig. Links von der Zimmertür ist sein ....[6] und rechts von der Tür ist sein Kleiderschrank. ....[7] Sofabett ist auch rechts und der Schreibtisch ist am ....[8]. Da ....[9] er am Computer.

1. a ☐ dunkel
   b ☐ teuer
   c ☐ laut

2. a ☐ und
   b ☐ oder
   c ☐ aber

3. a ☐ Bett
   b ☐ Sofa
   c ☐ Sofabett

4. a ☐ einen
   b ☐ ein
   c ☐ keinen

5. a ☐ nicht
   b ☐ auch
   c ☐ doch

6. a ☐ Sessel
   b ☐ Computer
   c ☐ Regal

7. a ☐ Ihr
   b ☐ Unser
   c ☐ Sein

8. a ☐ Fenster
   b ☐ Sofabett
   c ☐ Sessel

9. a ☐ arbeiten
   b ☐ arbeitet
   c ☐ arbeite

9 Schlafen. Ergänzen Sie.

1. Ich ....*schlafe*.... gern.
2. Mein Vater .... nicht viel.
3. Wo .... du?
   Hier. Das ist mein Schlafzimmer.
4. .... Peter und Petra im Hotel?
   Ja, im Park Inn.
5. Ihr .... im Unterricht!
   Das finde ich nicht gut.
6. Wo .... wir in Köln?
   Bei Florian. Ist doch klar!

Grammatik

ich	....
du	....
er/es/sie	....
wir	*schlafen*
ihr	....
sie/Sie	....

10 Wo wohnt Eva? **Eva zeigt Marisa ihre neue Wohnung. Welche Antworten von Eva passen? Markieren Sie die Buchstaben und ergänzen Sie sie auf der Visitenkarte.**

- Das ist deine neue Wohnung? Die hat aber einen langen Flur. Da rechts ist das Wohnzimmer?
  - **h** Ja, das ist mein Wohnzimmer. Schön hell, oder?
  - **g** Nein, das ist die Küche. Sie ist ziemlich groß. Der Tisch und die Stühle sind alt. Du kennst sie schon.

- Kochst du nicht zu Hause? Hier gibt es ja keinen Herd!
  - **a** Ach, ich habe im Moment kein Geld für einen Herd. Der Umzug war sehr teuer.
  - **b** Natürlich habe ich einen Herd. Hier. Er ist ganz neu.

- Na ja, du kannst ja im Restaurant essen. Und welches Zimmer ist das?
  - **s** Das ist mein Schlafzimmer. Die Möbel kennst du ja schon.
  - **r** Das ist mein Wohnzimmer. Schön hell, oder?

- Ja, sehr schön. Sind die Sessel und das Sofa neu?
  - **b** Das Sofa ist schon alt, aber die Sessel sind neu.
  - **t** Nein, die sind schon ein Jahr alt. Aber das Bücherregal ist neu.

- Das finde ich schön. Ich habe kein Regal. Du hast ja auch einen Balkon!
  - **e** Ja, das ist toll. Wir können auf dem Balkon sitzen. Möchtest du etwas trinken?
  - **a** Ja. Er ist neu und sehr modern.

- Gern, aber zuerst möchte ich dein Schlafzimmer sehen.
  - **n** Das geht nicht. Das Schlafzimmer ist zu chaotisch. Komm, wir trinken einen Saft.
  - **m** Das Zimmer ist sehr klein und dunkel. Das finde ich nicht so gut.

- Okay. Hast du Orangensaft?
  - ...

Eva Moormann

G ... ... straße 2
07745 Jena
Tel.: 03641/55 55 87 23

5 Termine

1 Was macht Cornelia um …?

a) Lesen Sie und unterstreichen Sie alle Uhrzeiten.

Dein Arbeitstag

Senden | Optionen…

Datei Bearbeiten Ansicht Einfügen Format Extras Aktionen ?

An… cornelia@cornelia.de

Cc…

Betreff: Dein Arbeitstag

Liebe Cornelia,

wie geht es dir? Ich lerne jetzt Deutsch! Ich habe viel Arbeit. Und du? Was machst du? Wie ist dein Arbeitstag?

Viele Grüße aus Athen
Melina

AW: Dein Arbeitstag

Senden

Datei Bearbeiten Ansicht Einfügen Forma

An… melina@melina.gr

Cc…

Betreff: AW: Dein Arbeitstag

Liebe Melina,

wie geht es dir? Du lernst Deutsch? Super! Ich komme im Juli nach Griechenland. Bist du da? Ich möchte dich besuchen.

Du fragst: Wie ist dein Arbeitstag? Also, du weißt, ich arbeite an einer Schule. Die Kinder sind zwischen sechs und zehn Jahren alt. Meine Arbeit macht Spaß, aber sie kostet auch viel Energie!
Hier ist ein Beispiel: Am Montag stehe ich um halb sieben auf und frühstücke um sieben. Um Viertel nach sieben fahre ich mit dem Fahrrad zur Schule. Um fünf nach halb acht trinke ich in der Schule noch einen Kaffee. Meine Arbeit fängt um acht Uhr mit Lesen und Schreiben in der Klasse 1a an. Dann habe ich noch Englisch in der Klasse 4a und Musik in der Klasse 2b. Nach dem Wochenende sind die Kinder immer sehr laut! Um zwanzig nach eins esse ich etwas, und dann kontrolliere ich Hausaufgaben. Das mache ich im Lehrerzimmer. Um halb vier kommen Almira und Juri aus der Klasse 1a. Sie leben seit zwei Jahren hier in Bremen und haben noch Probleme mit der deutschen Sprache. Wir lernen zwei Stunden zusammen und spielen auch viel. Dann fahre ich nach Hause. Um Viertel nach sieben treffe ich meine Freundin Petra, und wir machen zusammen im Fitness-Studio Yoga. Um halb elf gehe ich ins Bett und schlafe wieder bis um halb sieben …
Du siehst, ich habe auch viel Arbeit, aber ich habe auch Zeit für meine Freunde und meine Hobbys. Das finde ich wichtig! Wie ist dein Tag?

Liebe Grüße aus Bremen
Cornelia

b) Lesen Sie noch einmal und ergänzen Sie die formellen Uhrzeiten.

1. 6.30 Uhr: Cornelia steht auf.
2. .... Uhr: Sie frühstückt.
3. .... Uhr: Sie fährt zur Schule.
4. .... Uhr: Sie trinkt einen Kaffee.
5. .... Uhr: Der Arbeitstag beginnt.
6. .... Uhr: Cornelia macht Mittagspause.
7. .... Uhr: Zwei Schüler kommen zu Cornelia.
8. .... Uhr: Cornelia trifft Petra.
9. .... Uhr: Sie geht schlafen.

2 Wie spät ist es? Verbinden Sie.

13.00 Uhr	1	a	Es ist Viertel vor vier.
00.00 Uhr	2	b	Es ist Mitternacht.
03.45 Uhr	3	c	Es ist ein Uhr.
20.15 Uhr	4	d	Es ist fünf vor halb zwei.
23.35 Uhr	5	e	Es ist kurz vor zehn.
01.25 Uhr	6	f	Es ist fünf nach halb zwölf.
19.02 Uhr	7	g	Es ist kurz nach sieben.
21.58 Uhr	8	h	Es ist Viertel nach acht.

3 Uhrzeiten

18

a) Was passt? Hören Sie und ordnen Sie zu.

a ☐

c ☐ 1

b ☐

d ☐

b) Hören Sie noch einmal und zeichnen Sie die Uhrzeiten ein.

1. Wie spät ist es?

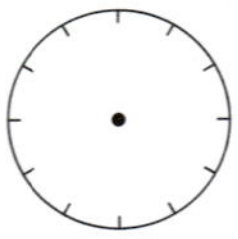

2. Wann geht der nächste Zug nach Mannheim?

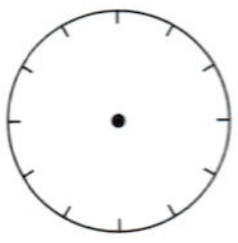

3. Um wie viel Uhr fängt die Arbeit an?

4. Wann trifft Sabine Carlos?

4 Tageszeiten

a) Was sagt man wann? Ordnen Sie zu.

Guten Morgen! – Guten Tag! – Guten Tag! – Guten Abend! – Gute Nacht!

1. Es ist schon spät. Laura geht gleich ins Bett. ....
2. Paul kommt in die Küche. Seine Frau frühstückt schon. ....
3. Es ist Freitagnachmittag. Lisa trifft ihre Lehrerin in der Stadt. ....
4. Herr Bauer geht zum Mittagessen in ein Restaurant. Seine Chefin ist auch da. ....
5. Bernd ist Yogalehrer. Um 19.30 Uhr beginnt sein Kurs. Er begrüßt Sonja, eine Teilnehmerin. ....

19 **b) Sind Ihre Antworten in a) richtig? Hören Sie und vergleichen Sie.**

19 **c) Wer macht was? Hören Sie die Dialoge noch einmal und ordnen Sie zu.**

Laura	1	a	macht einen Fotokurs.
Michael	2	b	fährt mit dem Auto nach Köln.
Paul	3	c	möchte mit seiner Frau essen.
Lisa	4	d	sieht einen Film.
Herr Bauer	5	e	steht morgen um sechs Uhr auf.
Frau Ende	6	f	geht jeden Mittwoch ins Restaurant.

5 Termine. Was sagen Sie? Kreuzen Sie an.

1. **Sie brauchen einen Termin beim Friseur.**
   - a ☐ Haben Sie am Samstagvormittag einen Termin frei?
   - b ☐ Können Sie am Freitag um halb zehn?
2. **Sie waren beim Arzt und kommen zwanzig Minuten zu spät zum Deutschkurs.**
   - a ☐ Entschuldigung, ich war beim Arzt.
   - b ☐ Entschuldigung, mein Arzt hatte keinen Termin frei.
3. **Emma möchte am Montagabend mit Ihnen ins Kino gehen. Sie haben keine Zeit.**
   - a ☐ Am Dienstag kann ich auch nicht.
   - b ☐ Am Montag? Nein, das geht nicht. Da mache ich einen Yogakurs.
4. **Heute ist Dienstag. Am Freitag haben Sie um 9 Uhr einen Termin beim Arzt und einen Termin mit Ihrer Deutschlehrerin. Der Termin ist sehr wichtig. Sie brauchen einen neuen Arzttermin.**
   - a ☐ Ich kann am Freitag um 9 Uhr nicht. Haben Sie am Nachmittag noch einen Termin frei?
   - b ☐ Tut mir leid, das passt mir nicht.
5. **Pierre möchte jetzt mit Ihnen einen Kaffee trinken. Sie haben einen Yogakurs, dann haben Sie aber Zeit.**
   - a ☐ Nein, ich komme nicht mit.
   - b ☐ Ich kann jetzt nicht, aber in zwei Stunden. Geht das auch?

6 Textkaraoke: Friseurtermin. Hören Sie und sprechen Sie die 👄-Rolle im Dialog.

20

👂 …
👄 Guten Tag, mein Name ist … (*Ihr Name*). Ich hätte gern einen Termin.
👂 …
👄 Äh, ja.
👂 …
👄 … (*Ihr Name*)
👂 …
👄 Nein, das passt mir leider nicht. Geht es auch um 9 Uhr?
👂 …
👄 Gut, dann komme ich am Mittwoch um 9 Uhr. Vielen Dank. Auf Wiederhören!
👂 …

7 Trennbare Verben

a) Ergänzen Sie.

an – auf – aus – ein – mit – zu

1. Ich rufe morgen beim Friseur ....
2. Ordnen Sie den Fragen passende Antworten ....
3. Geht ihr morgen Abend .... ?
4. Ich stehe von Montag bis Freitag immer um halb sieben ....
5. Ihr wollt gleich ins Café gehen? Ich kann nicht. Ich komme heute nicht ....
6. Kaufen Sie immer im Supermarkt .... ?

b) Schreiben Sie Fragen und Antworten wie im Beispiel.

1. heute Nachmittag anrufen – wann
   - Rufst du an?
   - Ja, ich rufe an.
   - Wann rufst du an?
   - Ich rufe heute Nachmittag an.

2. im Supermarkt einkaufen – wo
   - ....
   - ....
   - ....
   - ....
   - ....

3. am Wochenende ausgehen – wann
   - ....
   - ....
   - ....
   - ....
   - ....

4. um neun Uhr anfangen – wann
   - ....
   - ....
   - ....
   - ....
   - ....

8 *Wo steht nicht?* **Schreiben Sie Sätze mit *nicht*. Markieren Sie die richtige Position und schreiben Sie die Buchstaben in die Lösung.**

1. Ich .... verstehe .... Sie ..x..... .
   [N] [O] [T]

   Ich verstehe Sie nicht.

2. Morgen Vormittag? Tut mir leid, ich .... kann ....
   [P] [E]

   ....

3. Nein, ich .... gehe .... am Wochenende .... aus ....
   [A] [H] [R] [R]

   ....

4. Nein, ich .... rufe .... dich .... an ....
   [B] [E] [M] [K]

   ....

5. Kommen .... Sie .... am .... Mittwochnachmittag .... mit?
   [T] [U] [S] [I]

   ....

6. Tut mir leid, in einer Stunde .... geht .... es .... auch ....
   [R] [O] [D] [N]

   ....

7. Donnerstag? Nein, das .... passt .... mir ....
   [N] [L] [E]

   ....

Lösungswort: T ....

9 *Nicht oder kein-?* **Antworten Sie.**

1. Gehst du am Sonntag aus? Nein, ich gehe am Sonntag nicht aus.
2. Arbeitet Thomas heute? Nein, ...
3. Hast du morgen Zeit? Tut mir leid. ....
4. Möchtest du eine Cola? Nein, danke. ....
5. Könnt ihr am nächsten Wochenende?
   Nein, ...
6. Haben Sie am Montag einen Termin frei?
   Nein, tut mir leid. Wir ....
7. Wir gehen am Freitag zu Lisas Party. Kommst du mit?
   Am Freitag? Nein, ...

10 Präteritum von *haben*

a) Ergänzen Sie.

ich	....	wir	*hatten*
du	....	ihr	....
er/es/sie	....	sie/Sie	....

b) Kein Glück ... Ergänzen Sie.

Autopanne

Senden | Optionen

Datei Bearbeiten Ansicht Einfügen Format Extras Aktionen ?

An... renate@renate.de

Cc...

Betreff: Autopanne

Lieber Thomas,

ich .... heute kein Glück. Am Vormittag *hatten* wir um 10 Uhr einen Termin bei Softronics in Mannheim. Klaus .... das Auto vom Chef, aber dann .... wir auf der Autobahn bei Frankfurt eine Panne. Mit dem Auto vom Chef!! Zum Glück .... ich die Nummer von Softronics. Um kurz nach zwölf waren wir endlich in Mannheim, aber unsere Partner von Softronics .... keine Zeit. Super! Wir .... kein Auto und keinen Termin! Dann .... der Zug nach Kassel 45 Minuten Verspätung. .... du auch schon einmal so einen Tag?

Viele Grüße
Renate

11 *Haben* und *sein* im Präteritum. Ergänzen Sie.

1.
- Wie *war* Madrid?
- Madrid .... super.
- .... ihr Zeit für Museen?
- Ja, wir .... im Reina Sofía und im Prado.
- Und .... ihr auch bei Isabel?
- Nein, sie .... leider keine Zeit. Aber John .... auch in Madrid. Wir .... viel Spaß zusammen.

2.
- Wo .... du am Montag? Wir .... eine Verabredung.
- Am Montag? Ich .... keine Zeit.
- Ja, genau. Ich .... dann allein im Kino.
- Das tut mir leid.
- .... du auch kein Telefon?
- Ja, aber ich .... deine Nummer nicht.
- .... das wirklich so?

6 Orientierung

1 Leipzig-Quiz

a) Welches Foto passt? Lesen Sie und ordnen Sie zu.

a

b

c

d

e

1. ☐ Die Universität Leipzig am Augustusplatz gibt es schon seit 1409. Der Dichter Goethe und der Autor Jean Paul waren Studenten an der Universität Leipzig. Im Jahr 1760 leben 30 000 Menschen in der Stadt und die Universität hat schon 600 Studenten. Die moderne Universität hat heute über 30 000 Studenten.

2. ☐ Die Alte Nikolaischule am Nikolaihof war ab 1511 die erste Schule in Leipzig. Der Philosoph und Mathematiker Wilhelm Leibnitz, der Komponist Richard Wagner und der Sozialist Karl Liebknecht waren Schüler der Nikolaischule. Heute gibt es in der Nikolaischule Theaterprojekte und Konzerte.

3. ☐ Der berühmte Komponist Johann Sebastian Bach war Thomaskantor in der Stadt Leipzig. Das Bach-Archiv im Bosehaus ist am Leipziger Thomaskirchhof. Das Bosehaus war von 1723 bis 1750 das Wohnhaus der Familie Bach. Im Bach-Archiv gibt es heute Spezialbibliotheken zum Thema Bach und ein Bach-Museum.

4. [e] Das Schumann-Haus in der Inselstraße war von 1840 bis 1844 die Wohnung von Clara und Robert Schumann. Clara war Komponistin und eine bekannte Pianistin. Robert war ein berühmter Komponist. Anfang 1841 komponiert er in dem Haus in der Inselstraße die Frühlingssinfonie. Das Klavierkonzert in a-Moll macht die Schumanns international berühmt.

5. ☐ Im Mendelssohn-Haus in der Goldschmidtstraße 12 war die Wohnung von Felix Mendelssohn Bartholdy (1809–1847). Mendelssohn war ein berühmter Komponist und großer Musiker. Heute ist in dem Haus ein Museum. Hier können Sie die Wohnung der Familie Mendelssohn sehen. Im Musiksalon finden oft Konzerte statt.

b) Was ist richtig? Lesen Sie noch einmal und kreuzen Sie an.

1. Wie alt ist die Universität im Jahr 2014?
   - a ☐ 105 Jahre
   - b ☐ 255 Jahre
   - c ☐ 605 Jahre

2. Wo gibt es in Leipzig Theaterprojekte und Konzerte?
   - a ☐ Im Bach-Archiv.
   - b ☐ In der Nikolaischule.
   - c ☐ Im Schumann-Haus.

3. Welcher deutsche Dichter war nicht Student in Leipzig?
   - a ☐ Johann Wolfgang von Goethe.
   - b ☐ Friedrich Schiller.
   - c ☐ Jean Paul.

4. Clara Schumann war eine berühmte …
   - a ☐ Musikerin.
   - b ☐ Philosophin.
   - c ☐ Dichterin.

5. Wie heißt die erste Schule Leipzigs?
   - a ☐ Bachschule.
   - b ☐ Nikolausschule.
   - c ☐ Nikolaischule.

6. Welcher berühmte Komponist wohnt bis 1847 in Leipzig?
   - a ☐ Johann Sebastian Bach.
   - b ☐ Felix Mendelssohn-Bartholdy.
   - c ☐ Robert Schumann.

7. Was ist am Thomaskirchhof?
   - a ☐ Das Schumannhaus.
   - b ☐ Das Bach-Archiv.
   - c ☐ Die Universität.

8. Wer war Wilhelm Leibnitz?
   - a ☐ Philosoph und Mathematiker.
   - b ☐ Dichter und Komponist.
   - c ☐ Thomaskantor.

2 Leben ohne Auto. Suchen Sie sieben Wörter und ergänzen Sie die Sätze.

K	E	R	F	F	A	N	T	O	R	L	A
S	T	R	A	S	S	E	N	B	A	H	N
A	L	E	Q	U	I	K	B	I	R	D	U
B	U	S	T	E	F	E	R	N	A	N	F
N	E	T	H	P	A	K	C	K	E	N	O
M	B	A	H	N	H	O	F	I	D	A	P
J	S	U	R	S	R	S	C	H	U	L	E
I	S	R	N	E	R	E	D	N	U	F	R
O	R	A	S	T	A	L	E	O	N	E	U
K	E	N	G	A	D	I	T	R	T	L	N
T	N	T	A	E	G	H	U	N	K	P	G

1 Ludwig (54) und Karin (49) Pohlmann

Wir haben eine Wohnung im Zentrum von Leipzig. Meine Frau arbeitet hier bei BMW, aber wir haben kein Auto. Sie fährt mit der

.... ß e n ....

zur Arbeit. Mein Hobby ist auch mein Beruf. Ich koche und esse gerne und arbeite in einem .... t. Ich fahre immer mit dem .... r .... zur Arbeit. Das ist auch Sport und macht fit.

2 Friederike May (30) und Uwe Abel (34)

Wir wohnen in einem Dorf. Ich bin Lehrerin und fahre mit dem .... zur Arbeit. Die .... ist in Schkeuditz. Uwe ist Musiker und arbeitet in Leipzig an der .... Er arbeitet viel zu Hause und fährt mit dem Zug in die Stadt. Der .... ist hier in der Nähe. Wir brauchen kein Auto.

3 Verkehrsmittel

21

a) Mit welchen Verkehrsmitteln fährt Susanne? Hören Sie und kreuzen Sie an.

1

3

5

2

4

6

b) Hören Sie noch einmal und ergänzen Sie.

1. Um 7.30 Uhr fährt Susanne ..... *mit dem Fahrrad* ..... zum Bahnhof.
2. Um 7.54 Uhr fährt sie .... von Bonn nach Köln.
3. Um 17.05 Uhr fährt sie .... zum Markt und trifft Marie.
4. Um 17.15 Uhr fahren Susanne und Marie .... zum Sport.
5. Um 20.27 Uhr fährt Susanne .... wieder nach Bonn.

4 Alexanders Terminkalender. Was war wann? Ergänzen Sie das Datum.

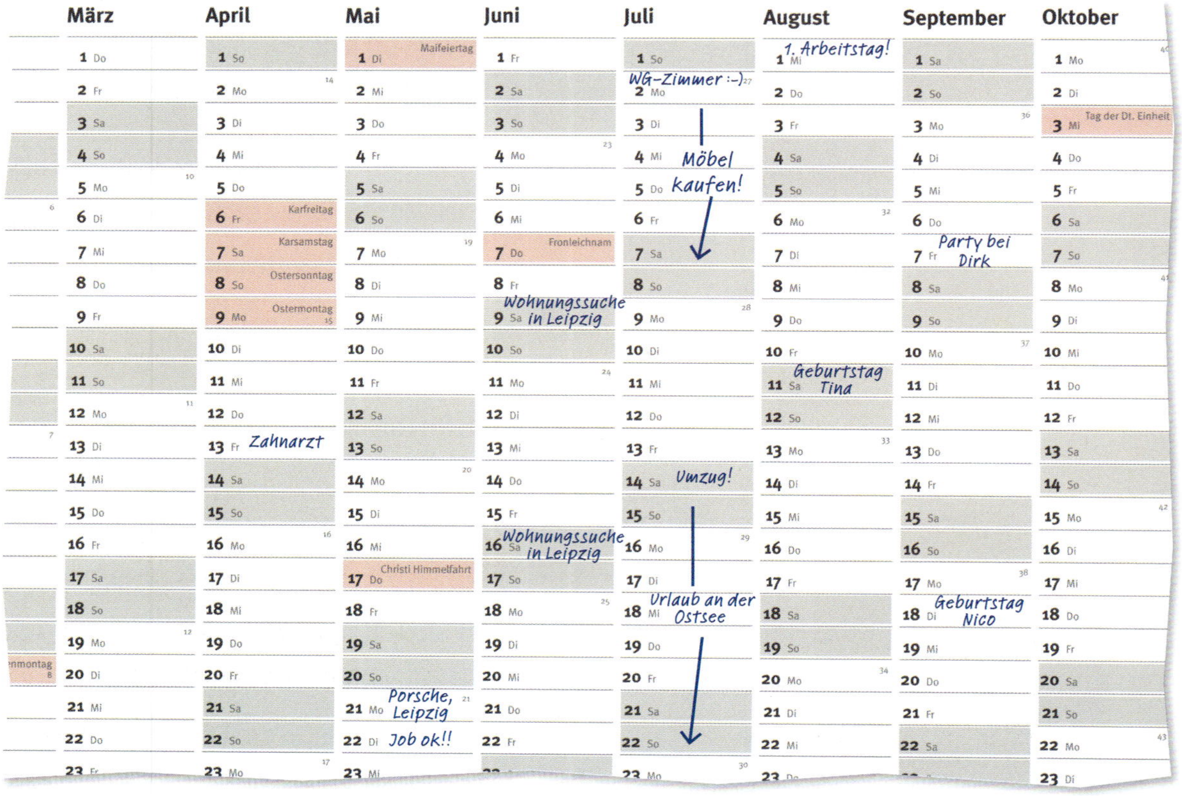

März	April	Mai	Juni	Juli	August	September	Oktober
1 Do	1 So	1 Di Maifeiertag	1 Fr	1 So	1 Mi *1. Arbeitstag!*	1 Sa	1 Mo
2 Fr	2 Mo	2 Mi	2 Sa	2 Mo *WG-Zimmer :-)*	2 Do	2 So	2 Di
3 Sa	3 Di	3 Do	3 So	3 Di	3 Fr	3 Mo	3 Mi Tag der Dt. Einheit
4 So	4 Mi	4 Fr	4 Mo	4 Mi *Möbel*	4 Sa	4 Di	4 Do
5 Mo	5 Do	5 Sa	5 Di	5 Do *kaufen!*	5 So	5 Mi	5 Fr
6 Di	6 Fr Karfreitag	6 So	6 Mi	6 Fr	6 Mo	6 Do	6 Sa
7 Mi	7 Sa Karsamstag	7 Mo	7 Do Fronleichnam	7 Sa	7 Di	7 Fr *Party bei Dirk*	7 So
8 Do	8 So Ostersonntag	8 Di	8 Fr	8 So	8 Mi	8 Sa	8 Mo
9 Fr	9 Mo Ostermontag	9 Mi	9 Sa *Wohnungssuche in Leipzig*	9 Mo	9 Do	9 So	9 Di
10 Sa	10 Di	10 Do	10 So	10 Di	10 Fr	10 Mo	10 Mi
11 So	11 Mi	11 Fr	11 Mo	11 Mi	11 Sa *Geburtstag Tina*	11 Di	11 Do
12 Mo	12 Do	12 Sa	12 Di	12 Do	12 So	12 Mi	12 Fr
13 Di	13 Fr *Zahnarzt*	13 So	13 Mi	13 Fr	13 Mo	13 Do	13 Sa
14 Mi	14 Sa	14 Mo	14 Do	14 Sa *Umzug!*	14 Di	14 Fr	14 So
15 Do	15 So	15 Di	15 Fr	15 So	15 Mi	15 Sa	15 Mo
16 Fr	16 Mo	16 Mi	16 Sa *Wohnungssuche in Leipzig*	16 Mo	16 Do	16 So	16 Di
17 Sa	17 Di	17 Do Christi Himmelfahrt	17 So	17 Di	17 Fr	17 Mo	17 Mi
18 So	18 Mi	18 Fr	18 Mo	18 Mi *Urlaub an der Ostsee*	18 Sa	18 Di *Geburtstag Nico*	18 Do
19 Mo	19 Do	19 Sa	19 Di	19 Do	19 So	19 Mi	19 Fr
20 Di	20 Fr	20 So	20 Mi	20 Fr	20 Mo	20 Do	20 Sa
21 Mi	21 Sa	21 Mo *Porsche, Leipzig*	21 Do	21 Sa	21 Di	21 Fr	21 So
22 Do	22 So	22 Di *Job ok!!*	22 Fr	22 So	22 Mi	22 Sa	22 Mo
23 Fr	23 Mo	23 Mi	[illegible]	23 Mo	23 Do	[illegible]	23 Di

Am ....*einundzwanzigsten Fünften*.... hat Alexander um zehn Uhr einen Termin mit dem Personalchef bei Porsche. Gleich am Dienstag weiß er: Er hat den Job! Jetzt braucht er eine neue Wohnung. Am .... und am .... fährt er wieder nach Leipzig. Leider hat er kein Glück. Aber am .... findet er ein Zimmer in einer Wohngemeinschaft. Jetzt fehlen nur noch die Möbel! In der Woche vom .... bis zum .... bestellt er im Möbelhaus ein Bett, einen Tisch und einen Stuhl. Am .... ist der Umzug. Seine Freunde kommen mit und helfen. Und am .... ist der erste Arbeitstag bei Porsche!

5 Mit der Freundin in Berlin. **Ergänzen Sie die Präpositionen *in, an, neben* und *vor* und die Artikel im Dativ.**

1. Auf dem nächsten Bild steht sie .... Universität.

3. Und hier sind wir mit Simon und Rafiki .... Park. .... Julia steht Simon.

2. Dieses Foto ist auch sehr schön. Das ist .... Café Einstein. Das kennst du doch auch.

4. Das ist Simons Zimmer. .... Zimmer hängt immer noch ein Bild von Che Guevara .... Wand. Glaubst du das?

6 An der Information im Goethe-Institut. Was ist wo? Schreiben Sie die Antworten.

GOETHE INSTITUT

4. Etage	Caféteria	Kino
3. Etage	Direktor	Sekretariat
2. Etage	Bibliothek	Lesesaal
1. Etage	Kursräume 101–112	
EG	Information	Galerie

1. Entschuldigung, wo finde ich das Sekretariat?
   Das Sekretariat ist *in der dritten Etage rechts* .
2. Meine Freundin wartet im Café. Wo finde ich es?
   In ....
3. Ich habe jetzt einen Kurs im Raum 103. Wo ist das?
   Alle Kursräume sind ....
4. Wir haben um 15.30 Uhr einen Termin mit dem Direktor. Wo finden wir sein Büro?
   Das Büro von Herrn Schmidt ist ....
5. Ich suche das Kino. Wo ist das?
   Das finden Sie ....
6. Ich suche Bücher über Deutschland. Haben Sie eine Bibliothek?
   Ja, unsere Bibliothek ist ....

7 Wo macht man das? Ordnen Sie die Räume zu.

das Sekretariat – der Sprachkurs – die Küche – die Bibliothek – ~~das Café~~ – das Kino – das Büro – ~~das Restaurant~~

Minimemo
der ... / das ... → im
die ... → in der

1. Essen und Getränke bestellen – Freunde treffen – die Rechnung bezahlen — *im Restaurant / im Café*
2. Texte lesen – Dialoge hören – Antworten geben – Wörter lernen — ....
3. Termine machen – Fotokopien machen – E-Mails schreiben – Geschäftspartner anrufen — ....
4. Freunde treffen – Filme sehen – Getränke kaufen – Eis essen — ....
5. Essen kochen – Frühstück machen – Zeitung lesen – Radio hören — ....
6. Informationen suchen – Bücher lesen – ins Café gehen – im Gruppenraum arbeiten — ....

8 22 **Wo ist …? Hören Sie mehrmals und zeichnen Sie das Bild zu Ende.**

9 In einer Sprachschule

a) Ergänzen Sie die Präpositionen *in*, *neben*, *unter* und *zwischen*.

Das ist eine Sprachschule. .... den Kursräumen links findet der Unterricht statt. Der Kurs A1 ist .... der ersten Etage, der Kurs B1 ist .... der dritten Etage und der Kurs A2 ist .... den Kursräumen A1 und B1. Die Kantine ist .... Erdgeschoss, ... dem Kursraum von A1. Rechts .... der Kantine ist das Treppenhaus. .... Erdgeschoss rechts ist die Projektgalerie. .... der Projektgalerie hängen die Projektplakate aus den Sprachkursen. Sie ist direkt .... dem Lesezimmer. In der zweiten Etage rechts .... dem Videoraum hängt die Infowand. Der Videoraum ist .... dem Sekretariat.

b) Was ist wo? Schreiben Sie.

a	Kurs B1	d	....	g	....
b	....	e	....	h	....
c	....	f	....	i	....

Leben in Deutschland 2

1 Danas Terminkalender

a) Welches Verb passt? Lesen Sie den Text und ergänzen Sie.

besuchen – kochen – arbeiten – lernen – ausgehen – frühstücken – sein – kommen – ~~haben~~ – haben – gehen – gehen – treffen – machen – schreiben

Dana hat viele Termine:

Am dreizehnten Fünften ..hat.................... sie schon am Morgen einen Termin:

Um Viertel nach acht .... sie im Bürgerbüro. Am Nachmittag .... sie von halb drei bis fünf Deutsch.

Am Dienstag .... sie um halb eins ihre Freundin Marie. Sie .... zusammen Mittagessen und .... um zwei Uhr ins Museum. Dana hat nur von zwei bis vier Zeit.

Am Mittwochmorgen .... sie ihre alte Wohngemeinschaft. Sie hat Zeit von zehn bis halb zwölf. Am Nachmittag .... sie um Viertel nach vier noch einen Termin mit Professor Huber in der Universität.

Am sechzehnten Fünften .... sie von neun bis eins im Supermarkt. Nach der Arbeit .... sie um halb zwei Sport im Fitness-Studio.

Am Freitag um zehn .... sie einen Test in der Universität. Um Viertel vor drei .... sie zum Friseur.

Am achtzehnten Fünften .... sie am Abend um halb acht mit Hanna ....

Am Sonntag um Viertel vor zehn .... Iris und Theo. Sie .... zusammen.

b) Lesen Sie noch einmal und tragen Sie die Termine in den Terminkalender ein.

2 Am Telefon

23

a) Wo rufen die Personen an? Hören Sie und ordnen Sie zu.

Bundesagentur für Arbeit

Pannenhilfe (ADAC) a ☐ | Agentur für Arbeit b ☐ | Taxizentrale c ☐ | Ärztlicher Bereitschaftsdienst d ☐

b) Was ist richtig? Hören Sie noch einmal und kreuzen Sie an.

1. Herr Bergmann bestellt ein Taxi für … a ☐ 23.15 Uhr. b ☐ 11.15 Uhr.
2. Frau Aghdam hat am Montag einen … a ☐ Arzttermin. b ☐ Termin bei der Agentur für Arbeit.
3. Frau Klingmann fährt nach … a ☐ Köln. b ☐ Oberhausen.
4. Die Postleitzahl von Witten ist … a ☐ 58452. b ☐ 58453.

3 Wohnungsanzeigen

a) Was bedeuten die Abkürzungen? Verbinden Sie.

1. OG	1	a	Quadratmeter
Bk	2	b	Neubau
2 Zi.	3	c	Nebenkosten
EG	4	d	Zentralheizung
Kü.	5	e	Erdgeschoss
NK	6	f	zwei Zimmer
qm	7	g	erstes Obergeschoss
NB	8	h	Balkon
ZH	9	i	Küche

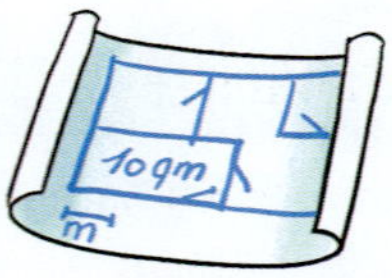

der Quadratmeter

der Neubau

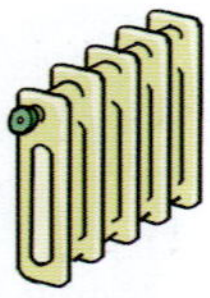

die Zentralheizung

b) Welche Wohnung passt? Ordnen Sie zu.

a
Danckelmannstr., 1. OG, 3 Zi, 97 qm, Bad, Bk, 1150 € inkl. NK.

b
Ostviertel, 2 Zi, 62 qm, EG, Garten, Kü, Bad, ruhig, 600 € + 180 € NK.

c
Zentrum, 3 Zi, 85 qm, Kü, Bad, 700 € + NK.

d
City, NB, 4 Zi, 110 qm, Kü, Bad, Bk, ZH, 1200 € + NK.

1. ☐ Susanne, Adriana und Sina sind Studentinnen. Sie möchten zusammen wohnen und suchen eine 3- oder 4-Zimmer-Wohnung. Sie können zusammen 850 Euro zahlen.
2. ☐ Frau Hanselmann lebt allein. Sie sucht eine kleine, schöne Wohnung mit Garten oder Balkon. Sie kann für die Miete und die Nebenkosten 800 Euro im Monat bezahlen.
3. ☐ Peter und Heike Malinowski bekommen bald ein Baby. Sie suchen eine 3-Zimmer-Wohnung mit 100 qm im Zentrum für maximal 1200 Euro.

7 Berufe

1 Frauenberufe – Männerberufe. **Wer macht was? Lesen Sie die Texte und kreuzen Sie an.**

Lehrerin, Sekretärin, Krankenschwester und Verkäuferin – klar, das sind Frauenberufe. Männer arbeiten als Arzt, Ingenieur oder Kfz-Mechatroniker. Es gibt aber immer mehr Frauen in Männerberufen – und auch Männer in Frauenberufen!

Sabine Wulf (34) ist Pilotin bei der Lufthansa. Sie fliegt eine Boeing 737. Sabine macht ihren Beruf gerne. Computer und Technik waren für sie schon immer interessant. Als Pilotin ist sie auch an den Wochenenden nicht oft zu Hause. Sabine arbeitet viel mit Männern zusammen. Das ist für sie kein Problem. Nur fünf von einhundert Piloten in Deutschland sind Frauen.

Marion Schmidt (30) ist Kfz-Mechatronikerin. Sie findet Motoren, Technik und Mechanik interessant. In ihrer Reparaturwerkstatt ist sie die Chefin. Am Anfang hatte Marion Probleme. Sie sagt, Männer bringen ihre Autos nicht so gern zu einer Frau in die Werkstatt. Aber Frauen haben auch Autos und finden die Werkstatt von Marion gut. Seit einem Jahr arbeiten noch zwei Kfz-Mechatroniker bei Marion. Es gibt in diesem Beruf einfach nicht viele Frauen.

Monika Müller (31) und **Stefanie Wolf** (29) sind Geschäftspartnerinnen: Monika ist Programmiererin und Stefanie repariert Computer. Seit drei Jahren haben sie ein kleines Computergeschäft mit Reparaturwerkstatt in Leipzig. Monika macht den Einkauf für das Geschäft und besucht oft Computermessen in Deutschland und im Ausland. Sie arbeitet auch im Verkauf. Stefanie installiert Programme und repariert Computer. An den Wochenenden organisieren sie manchmal Computerkurse – nicht nur für Frauen! Viele Kunden sind Männer. Sie finden den Service sehr gut.

Ralf Moormann (29) ist Krankenpfleger. In seinem Beruf gibt es nicht sehr viele Männer. Ralf arbeitet schon seit fünf Jahren in einem Krankenhaus. Er arbeitet mit den Ärzten zusammen und findet den Kontakt zu den Patienten sehr wichtig. Er meint, Ärzte, Krankenpfleger und -schwestern haben meistens nicht viel Zeit für die Patienten. Das ist nicht so gut. Aber seine Arbeit macht Spaß. Nur an den Wochenenden geht er nicht so gern zur Arbeit.

Carsten Rahn (28) ist Lehrer an einer Grundschule. Das ist eine Schule für Kinder zwischen sechs und zehn Jahren. Er unterrichtet Deutsch und gibt an seiner Schule auch Computerkurse. Kinder und Technik – Carsten findet, das passt gut zusammen. Er arbeitet gern mit Kindern und findet seinen Beruf sehr wichtig. Leider sind in Deutschland nicht viele Männer Lehrer an einer Grundschule. 60 % der Grundschullehrer sind Frauen. Carsten sagt, die Kinder brauchen mehr Männer in den Kindergärten und Schulen.

Helga Ortmann (53) ist seit acht Jahren Bankdirektorin. Sie findet ihren Beruf sehr interessant. Helga arbeitet viel am Schreibtisch und hat immer viele Termine. Der Kontakt zu den Kunden ist in einer Bank besonders wichtig. Von Montag bis Freitag arbeitet sie von acht bis 18 Uhr. Abends und am Samstag und Sonntag arbeitet sie oft zu Hause. In ihrer Bank arbeiten viele Männer. Aber das ist kein Problem für Helga.

Sabine	Marion	Monika	Stefanie	Ralf	Carsten	Helga	
☐	☐	☐	☐	X	X	☐	... arbeiten mit vielen Kolleginnen.
☐	☐	☐	☐	☐	☐	☐	... arbeiten auch am Wochenende.
☐	☐	☐	☐	☐	☐	☐	... interessieren sich für Technik.
☐	☐	☐	☐	☐	☐	☐	... sind beruflich oft im Ausland.
☐	☐	☐	☐	☐	☐	☐	... reparieren etwas.
☐	☐	☐	☐	☐	☐	☐	... sind Chefinnen.

2 Arbeitsorte

24

a) Wo ist das? Hören Sie und ordnen Sie zu.

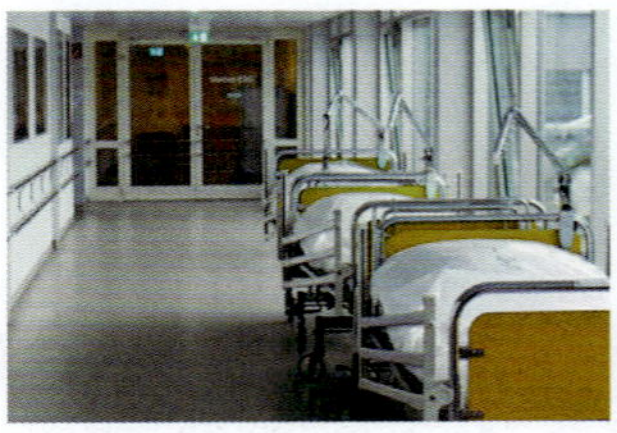

a ☐

c ☐

e ☐

b ☐

d ☐

f ☐

b) Hören Sie noch einmal und notieren Sie die Arbeitsorte.

1. In der Werkstatt.
2. ....
3. ....
4. ....
5. ....
6. ....

3 Berufe

a) Welches Verb passt? Verbinden Sie.

Aerobic-Kurse	1	a	schneiden
Schuhe	2	b	untersuchen
Deutsch	3	c	verkaufen
Patienten	4	d	unterrichten
Autos	5	e	reparieren
Haare	6	f	leiten

b) Wer macht was wo? Schreiben Sie mit den Nomen und Verben aus a) Sätze wie im Beispiel.

1. Fitnesstrainer leiten Aerobic-Kurse in einem Fitness-Studio.
2. Schuhverkäufer ……
3. ……
4. ……
5. ……
6. ……

4 Wortfeld Beruf

a) Welches Wort passt nicht? Streichen Sie durch.

1. Kfz-Mechatroniker: Schlüssel – ~~Maus~~ – Werkstatt – Motorrad
2. Kellner: Tisch – Rechnung – Restaurant – Papierkorb
3. Friseur: Ordner – Termin – Haare – Salon
4. Arzt: Medikamente – Pflanze – Patienten – Sprechzeiten
5. Pilot: Flughafen – Koffer – Technik – Drucker
6. Call-Center-Agentin: Computer – Bild – Telefon – Fremdsprachen

b) Welcher Arbeitsort passt zu den falschen Wörtern aus a)? Kreuzen Sie an.

1. ☐ Werkstatt 2. ☐ Restaurant 3. ☐ Büro

5 Hier ist meine Karte. Hören Sie die Dialoge und ergänzen Sie die Angaben.

25

1.

Susanne Ertel ……
ABENDZEITUNG
Beethovenstr. 27a
53117 ……
www.BA.de
Tel.: 0228/217 013 888
Fax: 0228/217 013 887
E-Mail: s.ertel@BA.de

↔

Konstantinos Tselios
Journalist
Rhein-……
…… 2
50661 Köln
www.RZ.de
Tel.: 0221/6555 873
Mobil: 0176 65 888
E-Mail: tselios@rz.de

2.

Eva Hartmann ……
Software-Solutions
Goethestr. 102
65812 Bad Soden
hartmann@soft
Bürozeiten:
Mo–Do: ……
Tel.: 06196/552 449
Mobil: 0151 615147

↔

Tischlerei Möbel & mehr
…… *Romanov*
Industriestr. 65
60313 ……
069-225 447
romanov@gmx.de

6 Traumberuf Florist

a) Ergänzen Sie die Verben im Infinitiv.

beraten – bringen – aufstehen – verkaufen – einkaufen – arbeiten

Florist als Beruf

Wir haben Erkan bei der Arbeit besucht und mit ihm über seinen Beruf gesprochen:

Erkan, was machen Sie beruflich?

Erkan: Alles, was ich gerne mache. Ich bin Florist und arbeite in einem Blumengeschäft. Als Florist kann ich mit Pflanzen und mit Menschen ....

Und was müssen Sie in dem Blumengeschäft machen?

Erkan: Ich muss zum Beispiel Blumen .... und Kunden .... Das finde ich gut.

Und wie ist Ihr Arbeitstag?

Erkan: Na ja, ich habe immer viel zu tun. Jeden Dienstag und Mittwoch muss ich sehr früh .... Dann muss ich auf dem Großmarkt neue Blumen und Pflanzen für das Geschäft ....

Aber das macht auch Spaß.

Es gibt nicht viele Männer in Ihrem Beruf, oder?

Erkan: Das ist nicht ganz richtig. Auf dem Großmarkt arbeiten auch viele Männer. Aber in einem Blumengeschäft ...

Müssen Sie Ihren Kunden auch manchmal Blumen ins Haus ....?

Erkan: Ja, aber nicht so oft.

26 **b) Hören Sie das Interview. Im Interviewtext in der Zeitschrift gibt es einen Fehler. Korrigieren Sie die Aussage.**

Erkan ....

7 *Können* oder *müssen*? Ergänzen Sie.

– Hallo Ralf, hast du heute Abend Zeit? Wir .... zusammen kochen.
– Nein, ich .... heute nicht kochen. Ich .... heute Abend arbeiten.
– .... du immer so viel arbeiten?
– Ja. Du .... ja mit Anne ausgehen.
– Nein, Anne .... heute nicht ausgehen. Sie .... noch lernen.
– Aber vielleicht *könnt* ihr später zusammen ein Video sehen?
– Ich weiß nicht. Ich frage sie mal. Aber wir beide .... auch mal etwas zusammen machen. Für die Arbeit hast du immer Zeit, aber nicht für mich!

Grammatik

ich	....	*muss*
du	....	....
er/es/sie	....	....
wir	....	....
ihr	*könnt*	....
sie/Sie	....	....

8 Arbeitslos. Ergänzen Sie.

Arbeitslosigkeit – Arbeitsagentur – Arbeit – Arbeitsmarkt – arbeitslos

Die .... ist auch in Deutschland ein Problem. Wer .... ist und .... sucht, geht zur .... Sie informiert über Berufe und Ausbildungsplätze und hilft auch bei der Suche auf dem ....

9 Gespräch mit dem Personalchef

27

a) Was kann Frau Lim tun? Hören Sie das Gespräch und ergänzen Sie.

Frau Lim kann ...Chinesisch..., ... und .... sprechen, ... machen, ... beraten, auch am .... arbeiten, einen .... besuchen und am ersten .... anfangen.

b) Was muss Frau Lim im Call-Center machen? Hören Sie noch einmal und schreiben Sie Sätze.

1. *Sie muss viel* ....
   ....
2. ....
   ....
3. ....
   ....

10 Gespräche im Büro

a) Wie ist der Artikel von den Nomen? Notieren Sie neben den Sätzen.

b) Ergänzen Sie die Possesivartikel im Nominativ.

	der/das/die
1. Haben wir ein Problem? – Ja, ..*unser*.. **Drucker** ist kaputt.	..*der*..
2. Wo finde ich Herrn Ahrend? – .... **Büro** ist in der vierten Etage links.	....
3. Hatte Frau Tauber heute einen Kundentermin? – Nein, ... **Termin** ist morgen.	....
4. Wo ist .... **Tasche**? Sie war hier und jetzt kann ich sie nicht finden. – Keine Ahnung.	....
5. Ist noch keiner da? – Nein, ihr fangt heute später an. .... **Meeting** beginnt um 16 Uhr.	....
6. Hast du die Telefonnummer von Frau Jahn? – Ja, ... **Nummer** ist 0221 2789546.	....

11 Possessivartikel oder *ein-*? Ergänzen Sie den Artikel und die Akkusativformen.

der/das/die

1. Wo gibt es hier in der Nähe ………… gute **Werkstatt**? …………
2. Frau Wels mag ………… **Chef** nicht. …………
3. Wir haben ………… **Friseursalon** schon seit fünf Jahren. …………
4. Meine Freundin hat ………… altes **Auto**. …………
5. Morgen bringt Michael *seinen* **Computer** zur Reparatur. …………
6. Herr Ortmann, brauchen Sie zum Lesen ………… **Brille**? …………
7. Frank, wie findest du ………… **Beruf**? …………
8. Ich liebe ………… **Arbeit**! …………

12 Nominativ oder Akkusativ? Schreiben Sie Sätze. Achten Sie auf Nominativ und Akkusativ.

1. finde – interessant – ich – **mein Beruf** – .
   Ich finde meinen Beruf interessant.
2. Sabine – **ihre Chefin** – mag – nicht – .
   …………
3. bringt – Herr Lehmann – in die Werkstatt – **sein Auto** – .
   …………
4. kennst – **deine Kundinnen** – du – wie lange – ?
   …………
5. bei der Arbeitsagentur – am Montag – **Ihr Termin** – haben – Sie – .
   …………
6. unterrichtet – unsere Direktorin – **ein Biologiekurs** – .
   …………

13 Das Verb *arbeiten*. Ergänzen Sie.

1. Ich bin Ingenieur und ………… bei Siemens.
2. Susanne, ………… du noch als Friseurin?
3. Mein Mann ist Arzt. Er ………… auch am Wochenende.
4. Das ist doch Laura. ………… sie jetzt auch hier im Supermarkt?
5. Wir ………… seit einem Jahr in Dortmund.
6. *Arbeitet* ihr gerne mit Kindern?
7. Meine Eltern haben eine Werkstatt. Sie ………… viel.
8. Frau Meyering, ………… Sie oft abends?

8 Münster sehen

1 **Mit dem Fahrrad durch Münster. Lesen Sie den Text. Richtig oder falsch? Kreuzen Sie an und ergänzen Sie die Zeilen bei den richtigen Aussagen.**

das Schloss

die Altstadt

die Promenade

die Radstation

der Prinzipalmarkt

Die Stadt Münster liegt in Nordrhein-Westfalen in der Nähe der niederländischen Grenze und ist seit vielen Jahren die Fahrradhauptstadt von Deutschland. Die „Leeze" ist *das* Verkehrsmittel in Münster. „Leeze", so nennen die Münsteraner liebevoll ihr Fahrrad. Jeden Tag sind mehr als 100.000 Menschen mit dem Rad unterwegs. Es gibt 500.000 Fahrräder – das sind doppelt so viele Fahrräder wie Einwohner! Die Radstation vor dem Bahnhof ist mit 3.300 Parkplätzen für Fahrräder die größte in Deutschland. Hier kann man sein Rad parken, es in die Reparaturwerkstatt bringen und auch ein Fahrrad mieten.

Diese Menschen haben wir in der Radstation getroffen:

Herr Detering ist Redakteur bei einem Kinderbuchverlag in Münster. Er wohnt mit seiner Familie in Recklinghausen und fährt jeden Tag mit der Regionalbahn in die Stadt. Für die 55 Kilometer braucht er so nur eine halbe Stunde. Er sagt: „Mein Fahrrad wartet schon in der Radstation auf mich. Von hier fahre ich mit dem Fahrrad zur Arbeit. Ich fahre immer über die Promenade. Der Weg ist nicht weit und es gibt keine Autos!" Die Promenade ist viereinhalb Kilometer lang und der einzige „Fahrrad-Straßenring" in Europa. Autos dürfen hier nicht fahren. Abends fährt Herr Detering wieder mit dem Fahrrad zum Bahnhof und mit der Bahn nach Hause. Er findet das gut. Er muss nicht mit dem Auto im Stau stehen und macht auch noch etwas Sport.

Susanne und Farah kommen mit der Bahn aus Osnabrück. Die Stadt liegt 60 Kilometer nordöstlich von Münster. Beide sind Krankenschwestern von Beruf und haben heute ihren freien Tag. Sie wollen zuerst im Schlossgarten lange frühstücken und dann einen Stadtbummel machen. Am späten Nachmittag besuchen sie noch eine Freundin. „Wir wollen hier Fahrräder mieten. Ohne Auto ist es viel einfacher. Die Parkplätze sind hier sehr teuer, und man muss manchmal lange suchen, bis man einen freien Platz findet", sagt Farah.

Olaf ist Student und arbeitet manchmal in der Radstation. Er sagt: „Hier gibt es Straßen und auch Ampeln nur für Fahrräder! Weniger Autos und weniger Verkehr heißt auch weniger Stress. Das ist gut für alle. Sie können bei uns ein Fahrrad mieten und dann die Stadt mit der Leeze besichtigen. In Münster gibt es viel zu sehen, zum Beispiel die Promenade, die historische Altstadt, den Prinzipalmarkt und das Schloss. Bei der Touristeninformation hier im Haus kann man Tipps und Pläne mit verschiedenen Routen für eine Stadtrundfahrt mit der Leeze bekommen. Es kommen Besucher aus der ganzen Welt. Viele finden das Konzept toll!"

	richtig	falsch	Zeile
1. In der Radstation kann man ein Fahrrad mieten.	☒	☐	7
2. Alle Münsteraner fahren jeden Tag mit dem Fahrrad.	☐	☐	....
3. Nach der Statistik hat jeder Münsteraner zwei Fahrräder.	☐	☐	....
4. Herr Detering fährt mit der Bahn nach Hause.	☐	☐	....
5. Autos dürfen in Münster nicht fahren.	☐	☐	....
6. Susanne und Farah haben lange einen Parkplatz gesucht.	☐	☐	....
7. Osnabrück liegt im Nordosten von Münster.	☐	☐	....
8. Olaf ist Mechaniker von Beruf.	☐	☐	....
9. Touristen aus vielen Ländern besuchen Münster.	☐	☐	....
10. In der Radstation gibt es auch eine Touristeninformation.	☐	☐	....

2 Wortfeld Stadt und Verkehr. **Welches Wort passt nicht? Streichen Sie durch.**

1. Tourist: Kamera – Postkarte – ~~Kreuzung~~ – Stadtrundfahrt
2. Touristeninformation: Wegbeschreibung – Stadtplan – Speisekarte – Busplan
3. Hotel: Frühstück – Zimmer – Kirche – Übernachtung
4. Verkehrsmittel: Fahrrad – Bus – Straßenbahn – Fußgängerzone
5. Stadtrundfahrt: Abfahrt – U-Bahn – Sehenswürdigkeiten – Bus
6. Stadtplan: Straße – Ampel – Marktplatz – Kreuzung
7. Taxi: Fahrer – Fahrrad – Fahrt – Stadtautobahn

3 Was passt zusammen? **Oft sind mehrere Antworten möglich.**

planen – machen – suchen – besichtigen – schreiben – kaufen – haben – nehmen – fahren – besuchen

1. Postkarten *schreiben, kaufen,* ....
2. Tradition ....
3. ein Taxi ....
4. eine Stadtrundfahrt ....
5. Fotos ....
6. einen Stadtplan ....
7. die Nationalgalerie ....
8. einen Stadtbummel ....
9. ein Exkursionsprogramm ....
10. einen Spaziergang ....

4 Wo ist der Stadtplan? **Schreiben Sie Sätze.**

1. Er ist in der Tasche.

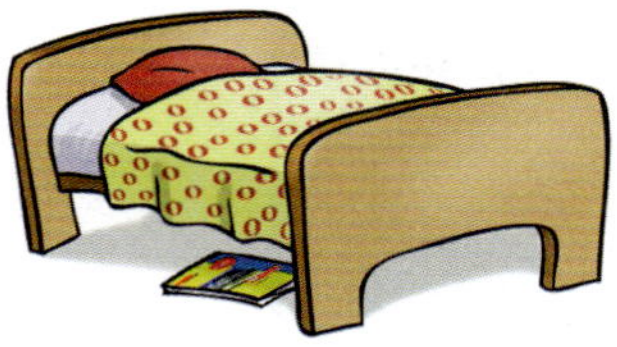

2. ....

4. ....

6. ....

3. ....

5. ....

7. ....

5 Wohin gehst du? **Kreuzen Sie an und schreiben Sie die Sätze ins Heft.**

1.
- a ☐ Zum Bahnhof.
- b ☐ Zum Marktplatz.
- c ☐ Durch den Park.

3.
- a ☐ Zum Park.
- b ☐ Zum Stadttor.
- c ☐ Ins Kongresszentrum.

5.
- a ☐ Zur Universität.
- b ☐ Durch den Zoo.
- c ☐ In die Einkaufspassage.

2.
- a ☐ Zur Galerie.
- b ☐ Durch die Fußgängerzone.
- c ☐ Ins Museum.

4.
- a ☐ Über die Schlossbrücke.
- b ☐ Durch das Stadttor.
- c ☐ In den Park.

1. Ich gehe

6 *Wo, woher* oder *wohin*? Kreuzen Sie an.

1. ☐ Wo ☐ Woher ☒ Wohin fährt Markus heute? – Nach Frankfurt.
2. ☐ Wo ☐ Woher ☐ Wohin geht ihr heute Abend? – Ins Kino.
3. ☐ Wo ☐ Woher ☐ Wohin kommt dieser Zug? – Aus Hamburg.
4. ☐ Wo ☐ Woher ☐ Wohin treffen wir Monika? – Im Café Einstein.
5. ☐ Wo ☐ Woher ☐ Wohin kommt das Regal? – Ins Wohnzimmer.
6. ☐ Wo ☐ Woher ☐ Wohin sind die Toiletten? – Gleich hier vorne rechts.
7. ☐ Wo ☐ Woher ☐ Wohin kaufen Sie am Samstag ein? – Auf dem Markt.
8. ☐ Wo ☐ Woher ☐ Wohin kommt Olga? – Aus Russland.
9. ☐ Wo ☐ Woher ☐ Wohin kann ich Sie heute Nachmittag finden? – Ab drei bin ich im Büro.

7 Das Modalverb *wollen*. Ergänzen Sie die Tabelle und die Sätze.

1. Die Kinder ......*wollen*...... keine Hausaufgaben machen.
2. Petra .... jeden Tag einen Spaziergang machen.
3. Jonas und Sandra, warum .... ihr nicht zur Party gehen?
4. Mark, wie lange .... du noch am Computer spielen?
5. Morgen .... ich wirklich keinen Besuch. Ich habe viel Arbeit.
6. Wir .... nicht nach London fahren. Es ist zu kalt dort.

Grammatik

ich	....
du	....
er/es/sie	*will*
wir	....
ihr	....
sie/Sie	....

8 *Wollen, müssen* oder *können*? Ergänzen Sie das passende Modalverb.

1. Morgen ist der Test! Ich .... noch die Vokabeln lernen.
2. .... ihr mich bitte heute Abend abholen? Mein Auto ist kaputt.
3. Erika .... das Konzert von Anne-Sophie Mutter sehen, aber ein Ticket kostet 90 Euro. Das ist leider zu teuer für sie.
4. Ich verstehe das nicht. .... Sie das noch einmal erklären?
5. Nächstes Jahr .... meine Schwester in Deutschland studieren.
   Aber sie .... noch viel Deutsch lernen.
6. Ich gehe nicht gern allein einkaufen. .... du in den Supermarkt mitkommen?
7. Meine Lehrerin sagt, ich .... die Hausaufgabe nicht bis Montag fertig machen.
   Ich .... sie am Mittwoch auch noch ins Sekretariat bringen.

9 Orientierung

a) Ergänzen Sie die Dialoge. Dann ergänzen Sie die Namen in der Karte.

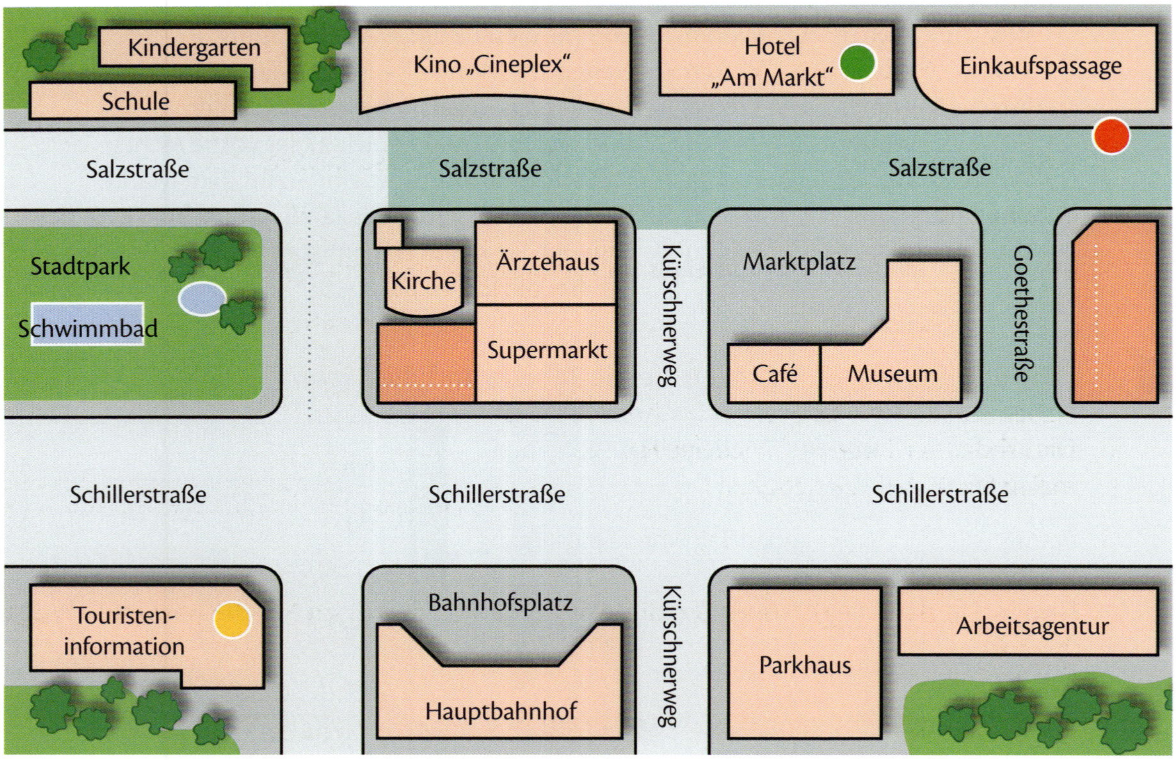

Dialog 1: Vor der Einkaufspassage ●

- Hallo, kann ich dir helfen?
- Ich kann das Schwimmbad nicht finden.
- Das Schwimmbad ist im .... Du gehst hier .... und die .... Straße links. Das ist die Parkstraße. Der Stadtpark ist ....
- Danke. Das finde ich jetzt schon. Tschüss!
- Tschüss.

dritte – geradeaus – Stadtpark – rechts

Dialog 2: Im Hotel „Am Markt“ ●

- Die Rechnung, bitte. Ich möchte mit Kreditkarte zahlen.
- Tut mir leid, der Apparat funktioniert heute nicht.
- Und was mache ich jetzt? Gibt es hier eine .... ?
- Ja. In der Parkstraße.
- Und wie komme ich .... die Parkstraße?
- Gehen Sie .... Marktplatz .... zum Café. Da gehen Sie an der Ampel über den .... und dann .... in die Schillerstraße. Die Parkstraße ist die .... Straße rechts. Die Bank finden Sie dann schon.
- Kein Problem. Vielen Dank!

Kürschnerweg – Bank – in – über den – rechts – erste – bis

Dialog 3: In der Touristeninformation ●

- Guten Tag!
- Guten Tag, kann ich Ihnen helfen?
- Ja, wir suchen das Theater.
- Das Theater? Das ist in der Goethestraße.
- Ist das weit?
- Nein. Gehen Sie hier .... die Schillerstraße entlang, ... Bahnhofsplatz .... und .... den Kürschnerweg, dann am .... vorbei bis zur Arbeitsagentur. Gegenüber ist die Goethestraße. Gehen Sie über die Schillerstraße .... die Goethestraße. Das Theater ist ....
- Haben Sie vielleicht auch einen Stadtplan für uns?
- Natürlich. Hier, bitte. Auf Wiedersehen.
- Vielen Dank! Auf Wiedersehen.

rechts – in – rechts – am – vorbei – Parkhaus – über

28 **b) Finden Sie den Weg? Hören Sie die Antworten und ordnen Sie die passende Frage links zu.**

1 ☐ *Wo ist bitte das Theater?*

2 ☐ *Entschuldigung, gibt es hier eine Touristeninformation?*

3 ☐ *Mein Freund hat Zahnschmerzen. Können Sie uns sagen, wo wir einen Zahnarzt finden?*

a Sie sind hier: ● *Mmh …*

b Sie sind hier: ● *Ich glaube, …*

c Sie sind hier: ● *Moment, …*

c) Schreiben Sie den Dialog in Ihr Heft.

- Entschuldigung – Kino?
- Kino? – in der Salzstraße
  Zuerst – Schillerstraße entlang
  Dann links – Kürschnerweg entlang
  Danach links – das Kino rechts

9 Ab in den Urlaub

1 **Städtereisen.** **Wo waren die Personen? Lesen Sie die Anzeigen und die Postkarten. Ergänzen Sie die Städte.**

Wien-Wochenende

zum Supersparpreis von nur 149 Euro!

Erleben Sie ein Wochenende in einer der schönsten Städte Europas!

- drei Übernachtungen mit Frühstück
- 4-Sterne-Hotel in zentraler Lage (ca. 200 Meter zum Heldenplatz)
- Wien-Karte (freie Fahrt für 72 Stunden mit Tram, U-Bahn und Bus)
- Stadtrundfahrt mit Eintritt ins Schloss Schönbrunn
- 1 Jause im Café Ritter (1 Melange oder Tasse Tee, 1 Stück Sachertorte mit Schlag)

Entdecken Sie die kleinste Metropole Europas.

Grüezi Zürich!

- drei Übernachtungen/Frühstücksbuffet/Doppelzimmer ab 99 Euro*
- drei Übernachtungen/Frühstücksbuffet/Einzelzimmer ab 139 Euro*
- ruhiges Hotel in der Altstadt
- Stadtrundfahrt mit dem Classic Trolley Bus
- ZürichCARD für 72 Stunden (freier Eintritt in 43 Museen und freie Fahrt mit Tram, Bahn, Bus und Schiff)

* alle Preise pro Person

München für Fußballfans!

Fußball in Deutschlands Fußball-Metropole live erleben! Schon ab 111 Euro pro Person im Doppelzimmer

- zwei Übernachtungen mit Frühstück
- München CityTourCard (3-Tages-Ticket für die Innenstadt)
- „Fußballtour" (nur freitags) mit dem FC Bayern-Bus
- Besuch im Olympiastadion und in der Allianz-Arena
- ein Fußballspiel live erleben

Romantisches Hamburg – Welthafen à la carte!

- zwei Übernachtungen mit Frühstück (Montag–Freitag)
- ruhiges 4-Sterne-Hotel in zentraler Lage (ca. 100 Meter zum Einkaufszentrum)
- Doppelzimmer mit Bad, TV, Telefon und Safe
- ein romantisches Abendessen für zwei Personen in unserem Restaurant
- Besuch auf dem Fischmarkt

ab 250 Euro

Lieber Wolfgang,

herzliche Grüße aus .... Hier ist es sehr interessant und das Wetter ist auch ganz gut. Leider ist das Hotel nicht besonders ruhig und auch nicht sehr billig. Ich muss für mein Zimmer ziemlich viel bezahlen! Das Frühstücksbuffet ist aber wirklich super. Mit meiner Karte ist der Eintritt in alle Museen frei. So viele Museen kann ich in der kurzen Zeit gar nicht besichtigen. Das nächste Mal musst du mitkommen!

Deine Sabine

1

Hi Michael!

Herzliche Grüße aus .... Habe ich es nicht gesagt? Wir haben gewonnen! Es war super! Wir haben auch die Allianz-Arena besucht. Aber mit dem Bus vom FC Bayern sind wir nicht gefahren. Für die Stadtrundfahrt hatten wir vor dem Spiel am Freitag auch keine Zeit. Am Samstag haben wir noch die Stadt besichtigt und am Abend haben wir im Englischen Garten ein paar Bier getrunken. Morgen besichtigen wir das Olympiastadion und dann geht es gleich zum Bahnhof. Wir müssen alle am Montag wieder arbeiten ...

Gruß Carlo

2

Hallo Wan Rong,

der Kurzurlaub hier in .... war sehr schön und ich habe viel gesehen. In dieser Stadt ist alles so elegant. Zum Beispiel heißt der Milchkaffee hier nicht einfach Milchkaffee. Die Leute sagen ‚Melange'! Gestern hat es den ganzen Tag geregnet und wir haben eine Stadtrundfahrt gemacht. Wir haben auch das Schloss Schönbrunn besichtigt. Ich war in Sissis Appartement! Bald besuche ich dich in Berlin. Dann zeige ich dir die Fotos und erzähle dir alles.

Liebe Grüße
Michaela 3

Liebe Claudia!

Ich schicke dir ganz herzliche Grüße aus .... Hier im Norden ist es sehr schön. Es regnet manchmal und es ist auch etwas kalt, aber das macht nichts. Gestern haben wir einen Einkaufsbummel gemacht und heute Morgen waren wir schon auf dem Fischmarkt. Wir sind schon um fünf Uhr aufgestanden! Es war wirklich super. Gleich machen wir noch eine Hafenrundfahrt. Diese kurze Reise war eine tolle Idee!

Bis bald! Ariana und Tom 4

2 Wortfeld Urlaub. Ergänzen Sie.

senkrecht ↓

1 In den Alpen gibt es viele .... Einige sind sehr hoch!

2 Sich etwas ansehen, zum Beispiel ein altes Schloss: eine .... machen.

4 Wir waren in den Sommer*f*.................... in Österreich. Das war ein toller Urlaub!

5 Das .... war nicht so gut. Das Zimmer war klein und das Frühstück schlecht.

8 Wir haben in Italien viele Bilder gemacht. Wollt ihr unsere .... mal sehen?

9 Anderes Wort für Fahrradurlaub: eine .... machen.

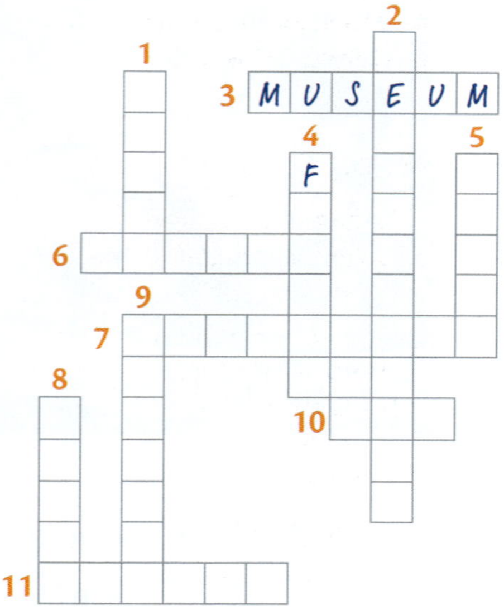

waagerecht →

3 Die Nationalgalerie in Berlin ist ein ...*Museum*... .

6 Das .... war super! Immer Sonne und über 25 Grad.

7 Italien ist ein Top*r*.................... für deutsche Autourlauber.

10 Wir machen eine Stadtrundfahrt mit dem ....

11 Sonne, Sand und Meer! Wir waren jeden Tag am ....

3 Kurzurlaub

a) Trennbar (+) oder untrennbar (–)? Notieren Sie und ergänzen Sie die Formen im Präsens und Perfekt. Arbeiten Sie mit der Wörterliste im Deutschbuch.

Infinitiv	+/–	Präsens	Perfekt
abholen	☐	....	....
anfangen	+	er fängt ... an	er hat angefangen
ankommen	☐	....	....
anrufen	☐	....	....
besichtigen	☐	....	....
bestellen	☐	....	....
besuchen	–	er besucht	er hat besucht
einkaufen	☐	....	....
einpacken	☐	....	....
(sich) entscheiden	☐	....	....
frühstücken	☐	....	....
stattfinden	☐	....	....
übernachten	☐	....	....

b) Ergänzen Sie den Text mit den Verben aus a).

Die Osterferien haben noch nicht angefangen. Das ist gut für Peter. Er möchte einen Kurzurlaub machen und hat nicht viel Geld. In dieser Jahreszeit sind die Flüge und Hotels nicht so teuer. Am letzten Wochenende hat in Frankfurt eine Urlaubsmesse ....

Peter hat die Messe besucht und hat sich für einen Urlaub in Griechenland .... Am Montag hat er dann nach der Arbeit noch schnell einen Reiseführer und ein paar Sachen für den Strand .... Dienstag war sein erster Urlaubstag. Am Morgen hat er zuerst gemütlich .... Nach dem Frühstück hat er alles .... Der Koffer war ziemlich voll. Dann hat er in der Taxizentrale .... und für halb zwölf Uhr ein Taxi zum Flughafen .... Der Fahrer hat ihn pünktlich .... In Athen ist er gut .... Der Flug war schön, aber am Flughafen war sein Koffer nicht da ... Peter hat dann in einem Hotel am Flughafen .... und am nächsten Tag die Akropolis ....

4 Vor dem Urlaub

a) Wer hat vor dem Urlaub was gemacht? Ergänzen Sie.

Isabel:
- die Stadtpläne von Rom und Neapel kaufen (Mo)
- Urlaub nehmen (Mi)
- ein Buch über das alte Rom lesen (Mi)
- den Hund zu Mario bringen (Do)

Michael:
- das Hotelzimmer in Rom reservieren (Mo)
- das Auto kontrollieren (Mi)
- die Fahrt nach Neapel planen (Mi)
- die Koffer packen (Do)

Isabel hat am Montag ....

Am Mittwoch hat sie ihren ....

und ....

Am Donnerstag hat sie ....

Michael hat am Montag ....

Er hat am Mittwoch ....

und ....

Am Donnerstag hat er ....

29

b) Hören Sie den Dialog. Was hat Michael nicht gemacht? Schreiben Sie.

....

5 Die Verben *haben* und *sein*.

Ergänzen Sie die Verben im Präsens.

Grammatik

	haben	sein
ich	....	....
du	....	....
er/es/sie	....	....
wir	haben	sind
ihr	....	....
sie/Sie	....	....

- Der Urlaub war toll! Wir ...haben... viele Fotos. Möchtest du sie sehen?
- Klar!
- Hier ...sind... wir am Strand.

- Schönes Foto! .... das da Isabel?
- Ja, Isabel .... auf fast allen Fotos.
- Wer hat die Fotos denn gemacht?
- Tom. Er .... eine neue Kamera.
- Ach so. Und woher kommen die Kinder?
- Das .... die beiden Kinder von Toms Freundin.
- Aha. Ich kenne sie nicht. .... ihr noch mehr Fotos?
- Nein, das .... alle.
- Du, ich gehe heute Abend zu Peters Party. .... ihr auch da?
- Nein, Isabel .... müde und ich .... keine Zeit.

6 Partizip II mit *haben* oder *sein*?
Kreuzen Sie an und ergänzen Sie dann *haben* oder *sein* in der richtigen Form.

> Perfekt mit sein:
> fahren, laufen, fliegen, bleiben, fallen, passieren, sein, gehen, kommen

	haben	sein		
1. Ich	☒	☐	habe	gestern eine CD gekauft.
2. Wohin	☐	☐	…………	du in Urlaub gefahren?
3. Wer	☐	☐	…………	schon einmal in der Schweiz gewesen?
4. Heute morgen	☐	☐	…………	an der Kreuzung ein Unfall passiert.
5. Meine Familie	☐	☐	…………	am Wochenende einen Ausflug gemacht.
6. Klaus und Farah	☐	☐	…………	vor einer Stunde ins Kino gegangen.
7. Wie lange	☐	☐	…………	ihr in Berlin geblieben?
8. Björn	☐	☐	…………	vom Rad gefallen.
9. Um wie viel Uhr	☐	☐	…………	Sie gestern Abend nach London geflogen?
10. Anne	☐	☐	…………	den ganzen Abend mit ihrem Freund telefoniert.

7 Sätze mit Zeitangabe. Notieren Sie die Sätze im Perfekt wie im Beispiel. Achten Sie auch auf *haben* und *sein*.

1. Özgür reist in die Türkei. (letztes Jahr im Mai)
   Özgür ist letztes Jahr im Mai in die Türkei gereist.
2. Gudrun geht spazieren. (am Sonntag)
   …………………………………………
3. Die Waschmaschine funktioniert nicht. (am Wochenende)
   …………………………………………
4. Hannes bekommt eine Postkarte von Lisa aus Wien. (letzte Woche)
   …………………………………………
5. Nimmst du alle Urlaubstage? (letztes Jahr)
   …………………………………………
6. Axel kommt in Hamburg an. (gestern)
   …………………………………………
7. Volker frühstückt. (um halb zehn)
   …………………………………………
8. Ich bleibe den ganzen Tag im Bett. (gestern)
   …………………………………………

8 Lea erzählt

30

a) Wer hat was gemacht? Hören Sie und verbinden Sie.

Alfiya	1	a	hat die ganze Zeit geschlafen.
Cem	2	b	hat mit einer Freundin telefoniert.
Ana	3	c	hat Hausaufgaben gemacht.
Lea	4	d	hat eine Einkaufsliste geschrieben.
Tom	5	e	hat aus dem Fenster gesehen.
Olga und Li	6	f	ist zur Toilette gegangen.
Kit	7	g	haben Karten gespielt.
Janina	8	h	hat Musik gehört.

(4 – c)

b) Wer ist wer? Ergänzen Sie die Namen in a).

9 Hannes hatte einen Unfall. **Ergänzen Sie die Präpositionen.**

an – in – in – im – nach – ~~mit~~ – um – vom – zur

Gestern war es schön warm und Hannes ist nach der Arbeit ...*mit*... dem Fahrrad .... den Park gefahren. Er hat .... Park seine Freunde getroffen und sie haben Fußball gespielt. Da war noch alles okay. .... neun Uhr war es dunkel. Er wollte direkt .... Hause fahren, aber die Lampe .... seinem Fahrrad war kaputt. Ein Radfahrer hat Hannes nicht gesehen und ist .... das Rad von Hannes gefahren und dann .... Rad gefallen. Dem Radfahrer ist nichts passiert, aber sein Rad war kaputt. Sie sind .... Polizei gegangen.

Leben in Deutschland 3

1 Berufe

a) Wer macht was? Ergänzen Sie die Berufe für Männer und Frauen.

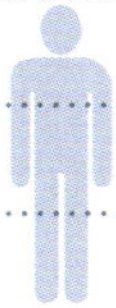

1. kochen ....
2. Haare schneiden ....
3. Büroarbeit machen ....
4. mit Blumen arbeiten ....
5. Autos reparieren ....
6. im Supermarkt arbeiten ....

31

b) Welchen Beruf haben diese Personen? Hören Sie und ergänzen Sie.

1. Uwe Starke (28)

....

3. Mandy Schiffner (31)

....

5. Iordánis Basdekis (36)

....

2. Afife Çubukçu (43)

....

4. Klaus Hoffmann (52)

....

6. Maya Gueye (22)

....

31

c) Wer hat das gesagt? Hören Sie noch einmal und verbinden Sie.

Herr Starke	1	a	hat im Garten ihrer Eltern gespielt.
Frau Çubukçu	2	b	hat aus dem Hobby einen Beruf gemacht.
Frau Schiffner	3	c	spricht bei der Arbeit mit den Kunden.
Herr Hoffmann	4	d	findet nicht alle Kunden freundlich.
Herr Basdekis	5	e	hat in der Werkstatt seinen Beruf gelernt.
Frau Gueye	6	f	möchte gerne einen anderen Beruf lernen.

2 Mein Beruf. Und Sie? Ergänzen Sie Ihre persönlichen Angaben.

Sie haben schon einen Beruf: Ich bin seit .... Jahr(en) .... von Beruf.

Meine Arbeit macht mir .... Spaß. Ich arbeite .... am Wochenende.

In meinem Beruf muss ich ....

Sie haben noch keinen Beruf: Ich möchte .... werden. Die Arbeit finde ich .... Ich arbeite gerne mit .... In dem Beruf muss ich .... am Wochenende arbeiten.

3 Wichtige Adressen

a) Kennen Sie Ihre Stadt? Diese Adressen sind wichtig. Suchen Sie sie im Telefonbuch oder im Internet. Notieren Sie die Straße und die Telefonnummer.

b) Arbeiten Sie zu zweit. Sie brauchen einen Stadtplan. Wählen Sie zwei Ziele aus Aufgabe a) und beschreiben Sie den Weg von Ihrer Wohnung.

Redemittel

Zuerst	gehe ich rechts/links. muss ich bis zur Kreuzung / zur Ampel gehen. geradeaus die ...straße entlang.
Dann	die erste/zweite/... Straße links/rechts.
Danach	links, an der/dem ... vorbei.

Von meiner Wohnung zur Bibliothek ist es nicht weit. Zuerst gehe ich ...

10 Essen und trinken

1 Lebensmittel in Europa

a) Was meinen Sie? Was ist richtig? Kreuzen Sie an.

1. Die Deutschen essen Brot am liebsten mit Butter und …
   a ☐ Wurst.
   b ☐ Käse.
   c ☐ Marmelade.

2. Wer trinkt am meisten Kaffee?
   a ☐ Die Österreicher.
   b ☐ Die Deutschen.
   c ☐ Die Luxemburger.

3. Welches Land ist im Schokoladeessen die Nummer eins?
   a ☐ Großbritannien.
   b ☐ Deutschland.
   c ☐ Die Schweiz.

4. Bei welchem Getränk steht Deutschland international auf Platz eins?
   a ☐ Saft.
   b ☐ Kaffee.
   c ☐ Bier.

b) Lesen Sie und kontrollieren Sie Ihre Antworten in a).

Brot

Brot ist Leben. Mehr als 97 % der Deutschen essen jeden Tag Brot. Eine Untersuchung sagt, jeder Deutsche isst 85 Kilo Brot im Jahr, das sind über 230 Gramm am Tag. Mit mehr als 300 verschiedenen Rezepten für Brot stehen deutsche Bäcker in der Welt auf Platz eins. Die meisten Rezepte sind für dunkles Brot. Das isst man in Deutschland lieber als helles Brot. Viele Deutsche essen Brot zum Frühstück und Abendessen, am liebsten mit Butter und Käse, aber auch mit Wurst, Schinken oder Marmelade.

Kaffee

Österreich ist für seine Kaffeekultur berühmt. Mit 7,2 Kilo Kaffee im Jahr, das sind circa 162 Liter, stehen die Österreicher unter den deutschen Nachbarländern aber nicht auf Platz eins. Die Luxemburger trinken am meisten Kaffee. „Kaffee ist heute ein Lifestyle-Produkt. Einen Tag ohne Kaffee oder einen Besuch im Kaffeehaus gibt es für die meisten Österreicher nicht", sagt Thomas Huber, Chef eines Kaffeehauses. Aber viele Österreicher trinken ihren Kaffee auch zu Hause oder bei der Arbeit.

Schokolade

Schokolade – wer kann da schon nein sagen? Im internationalen Vergleich essen die Schweizer am meisten Schokolade, am liebsten Milchschokolade (80 %). Im Jahr 2012 haben sie pro Person 12,4 Kilo Schokolade gegessen. In Europa folgt auf Platz zwei Deutschland mit 11,4 Kilo vor Großbritannien mit 10,4 Kilo. Die Schweizer essen aber nicht nur viel Schokolade, sie produzieren sie auch. Im Jahr 2012 hat die Schweiz 60,3 % von ihren Schokoladenprodukten in über 130 Länder verkauft.

Saft

Haben Sie das gewusst? Deutschland steht im Safttrinken international auf Platz eins! Im Jahr 2012 hat jeder Deutsche 33 Liter Saft getrunken, das sind aber zwei Liter weniger als im Jahr 2011. Apfelsaft ist mit etwa 8,5 Litern der beliebteste Saft. Viele finden, er schmeckt besser als Orangensaft. In Deutschland mischt man Apfelsaft oft mit Mineralwasser. Das Getränk heißt dann Apfelschorle und schmeckt nicht so süß. Eine Umfrage zeigt, die Apfelschorle ist seit 2008 noch beliebter als Apfelsaft!

2 Obst oder Gemüse?

a) Was ist das? Schreiben Sie und kreuzen Sie an.

		Obst	Gemüse
1. RTFKOLEFA	*Kartoffel*	☐	☒
2. PAFLE	....	☐	☐
3. EEERRBED	....	☐	☐
4. RGEKU	....	☐	☐
5. PKIRAPA	....	☐	☐
6. MOTAET	....	☐	☐
7. ONGRAE	....	☐	☐
8. SLATA	....	☐	☐
9. BAENAN	....	☐	☐

b) Ordnen Sie die Fotos zu.

3 Süß oder salzig? Ordnen Sie die Wörter zu und ergänzen Sie die Artikel.

Kartoffel – Ei – Nudel – ~~Tee~~ – Sahne – Erdbeere – Schokolade – Eis – Käse – Tomate – Wurst – Orangensaft – Schinken – ~~Fleisch~~ – Hähnchen – Paprika – Kaffee – Marmelade – Fisch – Pommes – Kuchen

der Tee, ...

....

....

....

das Fleisch, ...

....

....

....

4 Wortreihen

a) Ergänzen Sie den unbestimmten Artikel.

1. .... Dose — Bananen – Sauerkraut – Pizza – Brötchen
2. *ein* .... Kilo — Milch – Eier – Marmelade – Fleisch
3. .... Stück — Butter – Erdbeere – Joghurt – Nudeln
4. .... Liter — Salat – Brot – Saft – Schokolade
5. .... Flasche — Paprika – Ketchup – Orangen – Käse
6. .... Becher — Sahne – Brot – Wurst – Reis

b) Nur ein Wort passt. Markieren Sie es.

5 Auf dem Markt

a) Frau May kauft Obst und Gemüse. Was sagt sie? Kreuzen Sie an.

Guten Tag, Sie wünschen?
- a ☐ Vielen Dank. Haben Sie auch Äpfel?
- b ☐ Guten Tag. Ich hätte gern ein Kilo Äpfel.
- c ☐ Wie geht es Ihnen? Ich brauche Äpfel.

Sonst noch etwas?
- a ☐ Zwei Paprika.
- b ☐ Das ist günstig.
- c ☐ Ja, geben Sie mir bitte auch einen Liter Milch.

Die sind leider nicht mehr ganz frisch. Wollen Sie sie heute essen?
- a ☐ Nein, das geht nicht.
- b ☐ Nein. Dann nehme ich lieber keine.
- c ☐ Ja, das ist eine gute Idee.

Tut mir wirklich leid. Morgen haben wir wieder frische Paprika. Noch etwas?
- a ☐ Wie viel kosten die Eier?
- b ☐ Ist der Salat im Angebot?
- c ☐ Was kosten die Erdbeeren?

500 g kosten 2 Euro 99. Das sind die ersten aus Spanien.
- a ☐ Das ist teuer, aber ich nehme zwei Pfund.
- b ☐ Das ist aber billig. Geben Sie mir bitte nur ein halbes Pfund.
- c ☐ Geben Sie mir bitte eine.

Bitte, ein Kilo Erdbeeren. Wir haben heute auch frischen Salat.
- a ☐ Und was kostet der?
- b ☐ Kommt der auch aus Spanien?
- c ☐ Danke, aber ich brauche noch vier Bananen.

Ja, gern. Darf es sonst noch etwas sein?
- a ☐ Nein, danke. Das ist alles.
- b ☐ Ja. Haben Sie auch frische Kartoffeln?
- c ☐ Nein. Geben Sie mir bitte die Rechnung.

Das macht zusammen 8 Euro 18.

32 **b) Alles richtig? Hören Sie den Dialog und kontrollieren Sie in a).**

6 Einkaufen

a) Welche Lebensmittel können José und Marita auf dem Biomarkt kaufen? Kreuzen Sie an.

Heute ist Samstag. José und Marita wollen nach dem Frühstück auf einem kleinen Biomarkt und dann noch im Supermarkt einkaufen. Am Abend kommen Freunde zum Essen und sie wollen den Nudelauflauf aus Josés Deutschbuch und einen Salat machen. Danach gibt es Kuchen. José hat einen Einkaufszettel geschrieben.

Unser Biomarkt

Bäckerei „Landgold“

Fleischerei „Dörfler“

Obst & Gemüse „Mein Garten“

Käsespezialitäten „Biokäse & mehr“

- 250 g Nudeln ☐
- 1 Weißbrot ☐
- 150 g Schinken ☐
- 2 Zwiebeln ☐
- 500 g Tomaten ☐
- 150 g Bergkäse ☐
- 1 Becher süße Sahne ☐
- 1 Flasche Rotwein ☐
- 4 Stück Apfelkuchen ☐

b) Was kaufen sie wo? Hören Sie die Dialoge und ergänzen Sie die Lebensmittel. (33)

Bäckerei	Fleischerei	Obst & Gemüse	Käsespezialitäten
....	....	2 Zwiebeln	....
....	....	....	....

c) Was bezahlen sie wo? Hören Sie noch einmal und schreiben Sie die Preise. (33)

1. .... Euro 2. .... Euro 3. .... Euro 4. .... Euro

7 Sie wünschen? Schreiben Sie Sätze.

Guten Tag, Sie wünschen?
, – guten – Sie – wünschen – Tag – ?

……………
die – sind – frisch – Erdbeeren – ?

……………
ja – , – frisch – sind – die – .

……………
ich – eine – darf – probieren – ?

……………
gern – , – möchten – wie viele – Sie – ?

……………
ein – was – ? – Kilo – kostet

……………
das – kostet – . – Kilo – 3,98 €

……………
mir – Sie – Kilo – . – zwei – geben

8 Fragewort *welch-*. Fragen Sie kurz nach.

1. Hast du den Film schon gesehen?
   Welchen Film?
   Das Leben der Anderen.
2. Kennst du das Kind?
   ……………
   Das Kind von Dirk.
3. Das ist der Mann.
   ……………
   Der Mann von Ariane.
4. Ich habe die Bücher gefunden.
   ……………
   Deine Deutschbücher. Sie waren unter dem Sofa!
5. Wir haben deine Nachbarin im Kino getroffen.
   ……………
   Die aus der dritten Etage.
6. Du hast deinen Termin vergessen.
   ……………
   Den Termin beim Zahnarzt.
7. Die Stühle sind kaputt.
   ……………
   Die beiden im Flur.
8. Magst du dieses Brot?
   ……………
   Das Schwarzbrot.

9 Das Verb *mögen*. Ergänzen Sie.

1. Mögt ihr asiatische Küche, Wolfgang und Astrid? Ja, sehr gern.
2. Hmmm, Sauerkraut. …………… du das auch? Nein, nicht so gern.
3. Ich …………… Erdbeeren am liebsten mit Sahne.
4. Meine Eltern …………… spanischen Rotwein am liebsten.
5. Erich isst gern italienisch, aber Pizza …………… er nicht.
6. Wir …………… Hamburger nicht so gern. Wir essen lieber Döner.

Grammatik

ich	……………
du	……………
er/es/sie	……………
wir	……………
ihr	mögt
sie/Sie	……………

10 Komparation

a) Ergänzen Sie *gut – besser (als) – am besten.*

Florian findet Aktivurlaub ....gut.......... Der Fahrradurlaub im letzten Jahr hat ihm bis jetzt .... gefallen. Er hat ihm sogar noch .... die Bergwanderung in den Dolomiten gefallen. Einen Urlaub in einer Stadt findet Florian nicht so ....

b) Ergänzen Sie *viel – mehr (als) – am meisten.*

Herr Rahn ist Lehrer. Er trinkt sehr .... Kaffee. Sein Arzt sagt, das ist nicht gesund. Er muss .... Wasser oder Saft trinken. Aber Herr Rahn trinkt immer noch .... Kaffee .... andere Getränke. .... trinkt er Kaffee bei der Arbeit.

c) Ergänzen Sie *gern – lieber – am liebsten.*

Anna möchte einen Beruf lernen. Sie möchte .... in einem Restaurant oder Hotel arbeiten, aber die Arbeit an der Rezeption oder als Kellnerin mag sie nicht so ....
Jetzt hat sie doch noch ihren Traumberuf gefunden: Sie kocht .... für sich und noch .... für ihre Freunde. Nun will sie aus dem Hobby einen Beruf machen.

11 Am liebsten ... **Lesen Sie und ergänzen Sie die Hitlisten.**

Imke ist vier Jahre alt. Sie isst gern Eis. Paprika mag sie nicht so gern wie Eis.
Pommes isst sie noch lieber als Schokolade und Schokolade mag sie lieber als Eis.

Hitliste 1. .... 2. ....Schokolade.... 3. .... 4. ....

Marit ist erst zwei. Sie isst nicht so gern Tomaten wie Nudeln. Sie findet Nudeln aber nicht so lecker wie Eis. Schokolade schmeckt ihr besser als Eis.

Hitliste 1. .... 2. .... 3. .... 4. ....

12 Andrea kocht für ihre Freunde Gemüsereis mit Fisch. **Ergänzen Sie das Rezept.**

Fisch – Salz – Tomaten – geben – schneiden (2x) – verrühren – kochen – ~~anbraten~~ – backen

Zutaten
250 g Reis
1 Zwiebel
2 Paprika
3–4 Tomaten
500 g Fisch
Salz und Pfeffer

Reis .... Die Paprika in Streifen ....
Die Zwiebel und .... in Würfel ....
Das Gemüse in einer Pfanne ....anbraten.....
Den .... in eine Form .... und mit etwas .... und Pfeffer würzen. Im Backofen bei 200 Grad ca. 20 Min. .... Den Reis mit dem Gemüse ....

11 Kleidung und Wetter

1 Im Modegeschäft

a) Lesen Sie den Text schnell. Was ist Ulla von Steinmeyer von Beruf? Kreuzen Sie an.

Sie ist ☐ Chefin ☐ Verkäuferin ☐ Einkäuferin in einem großen Modegeschäft.

Wintermode im Frühling

Es ist Anfang April, sonnig und schon ziemlich warm. Die ersten Straßencafés haben Tische und Stühle nach draußen gestellt. In ein paar Monaten kommt der Sommer. **Ulla Steinmeyer** (43) findet das schöne Frühlingswetter toll. Am liebsten möchte sie gleich einen Bummel durch die Fußgängerzone machen und ein neues Kleid, eine neue Bluse oder ein Paar schicke Schuhe für den Sommer kaufen. Aber das geht heute leider nicht. Ulla sitzt an ihrem Schreibtisch. Sie arbeitet für ein großes Modegeschäft. In dem Geschäft hat sie als Verkäuferin angefangen, aber seit fast zehn Jahren verkauft sie die Kleidung nicht mehr, sie kauft sie für das Geschäft ein. In diesem Jahr hat Ulla wieder von Januar bis März die Modemessen für den nächsten Winter in München, Düsseldorf, Leipzig und Frankfurt besucht. Das findet sie immer besonders interessant.

Im nächsten Winter sind die Röcke und Kleider wieder lang, die Mäntel kurz und alles ist enger und nicht mehr so bunt. Das weiß Ulla jetzt schon. Dunkle Farben und einfache Formen bleiben auch in diesem Jahr im Trend. Die Mode ist gut kombinierbar und die Materialien kommen aus der Natur. Die Kunden und Kundinnen finden den neuesten Wintertrend sicher gut.

Ulla macht gerade die Bestellungen für den nächsten Winter. Das ist nicht so einfach. Im letzten Jahr hat sie für die Geschäfte in ganz Deutschland 5 000 hellgrüne Sommerpullover gekauft. Den Kundinnen hat die Farbe, die Form, das Material oder der Preis nicht gefallen. Im Herbst waren 2 000 Pullover noch nicht verkauft. Ihr Chef sieht die Verkaufszahlen immer sehr genau an. Er hat gemeint, das darf einer guten Einkäuferin nicht passieren! Ulla möchte keine Fehler machen und kontrolliert alle Bestelllisten noch einmal. Draußen scheint die Sonne. Der Frühling und die Sommerkleider müssen warten. Heute bestellt Ulla Wintermode.

b) Lesen Sie den Text noch einmal. Was ist richtig? Kreuzen Sie an.

1. Es ist …
   - a ☐ Frühling.
   - b ☐ Sommer.
   - c ☐ Winter.
2. In den letzten Monaten hat Ulla …
   - a ☐ als Verkäuferin gearbeitet.
   - b ☐ viele Modemessen besucht.
   - c ☐ 5 000 Sommerpullover bestellt.
3. Dunkle Farben und einfache Formen …
   - a ☐ waren letztes Jahr unmodern.
   - b ☐ sind auch in diesem Winter wieder in.
   - c ☐ findet Ulla besonders schön.
4. Im letzten Sommer …
   - a ☐ hat ihr Chef die Verkaufszahlen kontrolliert.
   - b ☐ waren hellgrüne Sommerkleider in.
   - c ☐ haben den Kundinnen nicht alle Pullover gefallen.
5. Ulla Steinmeyer …
   - a ☐ macht heute einen Stadtbummel.
   - b ☐ kontrolliert heute die Bestellungen für den Winter.
   - c ☐ hat heute einen Termin mit ihrem Chef.

2 Farben lesen. **Lesen Sie die Farben schnell und laut vor. Welche Wörter haben die richtige Farbe? Kreuzen Sie an.**

☐ Grün	☐ Gelb	☐ Schwarz
☐ Blau	☐ Orange	☐ Rot

Hatten Sie Probleme? Viele Menschen sehen zuerst das Wort und nicht die Farbe!

3 Berufskleidung in Deutschland. **Zwei Kleidungsstücke passen nicht zu den Berufen. Streichen Sie durch.**

1. Eine Zahnärztin trägt ... ~~einen Trainingsanzug~~ – eine weiße Jeans – ein helles T-Shirt – ~~eine kurze Hose~~ – bequeme Schuhe
2. Kfz-Mechatroniker tragen ... modische Mäntel – lange Hosen – einfache T-Shirts – dunkle Arbeitsschuhe – bunte Krawatten
3. Kellner tragen ... schwarze Hosen – helle Stiefel – weiße Hemden – dunkelrote Mäntel – schwarze Schuhe
4. Ein Bankangestellter trägt ... eine sportliche Jacke – einen grauen Anzug – ein helles Hemd – eine dunkle Krawatte – ein buntes T-Shirt
5. Bäcker tragen ... blaue Anzüge – helle T-Shirts – weiße Jacken – weiße Mützen – warme Stiefel
6. Eine Fitnesstrainerin trägt ... ein weißes T-Shirt – einen kurzen Rock – ein dunkles Abendkleid – bunte Sportschuhe – einen bequemen Trainingsanzug

4 Lieblingskleidung. **Wie heißen die Personen? Ergänzen Sie die Namen und Kleidungsstücke.**

1. .... trägt am Wochenende am liebsten eine graue .... und eine schwarze ....
2. .... zieht am liebsten ihren bunten .... an. Dazu trägt sie gern ein weißes .... und braune ....
3. .... hat im Winter immer seinen langen .... an. Am liebsten trägt er dazu seinen dunkelgrünen ....
4. .... mag schicke Kleidung. Sie zieht gern ein rotes .... und schwarze .... an.
5. .... findet schicke Kleidung auch am schönsten. Er trägt oft einen schwarzen ...., ein weißes .... und eine rote ....

5 Zu lang, zu kurz ... Sehen Sie die Bilder an und ergänzen Sie die Adjektive mit *zu*.

hell – lang – teuer – ~~klein~~ – kurz – bunt – groß

Elena hat heute Nachmittag in der Stadt einen Einkaufsbummel gemacht. Zuerst hat sie eine rote und eine grüne Hose anprobiert. Die rote Hose war ...zu klein... und die grüne .... Die Verkäuferin hat ihr auch eine Winterjacke gezeigt. Die hat Elena aber gar nicht gut gefallen. Sie war viel .... In ihrem Lieblingsgeschäft hat sie einen tollen dunkelblauen Pullover gesehen. Aber er war viel .... Danach hat sie eine schwarze Jeans anprobiert. Leider war die Hose in Größe 32 ....
In Größe 30 hatte das Geschäft die Hose nur noch in Weiß. Das war Elena für den Winter .... Endlich hat sie eine schicke Jacke gefunden. Aber die war leider .... – 350 Euro! Elena hat nichts gekauft und ist wieder nach Hause gegangen.

6 Unbestimmter Artikel im Akkusativ. Singular oder Plural? Markieren Sie und ergänzen Sie den unbestimmten Artikel oder –.

	Singular	Plural
1. Ich suche ...einen... blauen **Pullover**.	☒	☐
2. Ich finde .... bunte **Jacken** im Winter schön.	☐	☐
3. Ich suche .... schwarzen **Anzug** in Größe 48.	☐	☐
4. Du hast ja .... neuen **Wintermantel**! Der steht dir gut.	☐	☐
5. Haben Sie .... blauen **Rock** in Größe 38?	☐	☐
6. Hast du .... neue **Schuhe**? – Ja. Gefallen sie dir?	☐	☐
7. Ich finde .... graue **Hemden** sehen langweilig aus.	☐	☐
8. Ich möchte .... leichte **Sommerjacke** kaufen.	☐	☐
9. Ich suche .... schönen **Rock**.	☐	☐
10. Trägst du .... neue **Brille**?	☐	☐

7 Adjektive im Akkusativ nach unbestimmtem Artikel. **Ergänzen Sie die Endungen.**

An... Thomas.Kapinos@email.de
Cc...
Betreff: Neue Kleidung

Lieber Thomas,

wie geht es dir? Hast du gutes Wetter in Istanbul? Ich habe heute für die Kinder im Internet Kleidung bestellt. Jonas bekommt ein blau *es*..... und ein rot......... T-Shirt, einen grün......... Pullover und eine bunt......... Regenjacke. Für Frieda habe ich ein total süß......... Kleid in Rot mit weißen Blumen, einen gelb......... Kapuzenpullover und eine kurz......... Hose genommen. Hoffentlich passen die Sachen den Kindern auch!

Viele Grüße auch von Frieda und Jonas

Elena

Lerntipp
der → -en
die → -e
das → -es

8 Frauenabend

34 a) **Wer ist das? Hören Sie und ordnen Sie die Namen *Lotta, Laura, Marie* zu.**

.......*Inga*....... ....

34 b) **Ergänzen Sie unbestimmte Artikel und Adjektive. Hören Sie noch einmal und kontrollieren Sie mit der CD.**

1. Lotta trägt .....*einen*..... .....*roten*..... Rock und .... T-Shirt.
2. Laura trägt .... Kleid.
3. Marie trägt .... Jeans und .... Bluse.

c) **Und Inga? Sehen Sie das Foto an und ergänzen Sie.**

Inga trägt .... Hose und .... Pullover.

9 Gegenteile. Ruth macht alles anders. Schreiben Sie Sätze wie im Beispiel.

Lerntipp
Adjektive immer mit dem Gegenteil lernen:
alt – neu

1. Olga kauft einen schwarzen Pullover.
   Ruth kauft einen weißen Pullover.
2. Olga trägt eine helle Hose.
   Ruth ....
3. Olga hat kurze Haare. ....
4. Olga mag große Autos. ....
5. Olga hat einen neuen Computer. ....

10 Welch-...? – Dies-... Ergänzen Sie.

1.
- Bringen Sie mir bitte das blaue Hemd?
- .... Hemd meinen Sie?
- Das Hemd oben rechts.
- Meinen Sie ....?
- Ja, danke.

2.
- Wie gefällt dir die Wohnung?
- Ich weiß nicht. Ist .... Wohnung nicht zu klein?
- .... findest du denn besser?
- Die Wohnung in der Wiechernstraße.

3.
- .... Teppich finde ich schön!
- .... meinst du?
- Den braunen.
- Der ist nicht so schön wie .... hier.
- ....? Der hellgraue? Die Farbe passt aber nicht zu unserem Sofa.

11 Im Schuhgeschäft

a) Ordnen Sie den Dialog.

- [ ] Ich trage Schuhgröße 42.
- [1] Guten Tag, ich brauche neue Schuhe.
- [ ] Die passen mir sehr gut.
- [ ] Kann ich die mal anprobieren?
- [ ] Nein, danke. Ich nehme diese.
- [ ] Welche Größe haben Sie?
- [ ] Moment, ich bringe Ihnen die Schuhe.
- [ ] In Ihrer Schuhgröße habe ich ein braunes Paar im Angebot.
- [ ] Möchten Sie noch ein anderes Paar probieren?

35 **b) Alles richtig? Hören Sie den Dialog und kontrollieren Sie in a).**

12 Aprilwetter. **Sehen Sie sich die Wettertabelle an und ergänzen Sie den Blog mit passenden Wetterwörtern.**

~~sonnig~~ – Regen – bewölkt – windig – geschneit – Wolken – Wetter – sonnig – warm – kalt – Schnee – geregnet

	08.00–14.00	14.00–20.00
Freitag	 22 °C	 11 °C
Samstag	 4 °C	 1 °C
Sonntag	 10 °C	 19 °C

Das war ein Wochenende! Typisch April! Am Freitag war es vormittags schön ....sonnig.... und .... 22 Grad! Ich habe etwas im Garten gearbeitet. Plötzlich war es ziemlich .... Am Nachmittag wollte ich im Park spazieren gehen, aber ein Spaziergang im .... macht keinen Spaß. Es war auch .... Die Temperatur ist plötzlich auf elf Grad gefallen. Ich bin zu Hause geblieben und habe gelesen. Am Samstagvormittag hatten wir nur noch vier Grad, und der Himmel war stark .... Ich habe nur schnell ein paar Lebensmittel eingekauft. Am späten Nachmittag hat es dann ....! .... im April!

Am Sonntag war es vormittags mit 10° C schon wieder etwas wärmer, aber am Himmel waren viele .... Am frühen Nachmittag war es schön warm und .... Wir hatten 19 Grad. Aber um 16 Uhr hat es schon wieder .... Hoffentlich ist das .... nächste Woche besser!

12 Körper und Gesundheit

1 Gesund essen

a) Welche Tipps für eine gesunde Ernährung sind richtig? Was meinen Sie? Kreuzen Sie an.

1. ☐ Iss oft, aber wenig.
2. ☐ Du musst oft Obst und Gemüse essen.
3. ☐ Iss jeden Tag Fleisch.
4. ☐ Nimm mehr Salz und Zucker.
5. ☐ Iss nicht so schnell.
6. ☐ Trink viel Wasser.
7. ☐ Iss nicht so oft Milchprodukte.
8. ☐ Koch jede Woche mindestens zweimal Fisch.
9. ☐ Iss Kartoffeln, Brot, Nudeln und Reis.

b) Alles richtig? Lesen Sie den Text und kontrollieren Sie Ihre Antworten in a).

Wir essen zu viel, zu süß und zu fett. Falsche Ernährung und zu wenig Bewegung können krank machen. Aber man kann etwas für die Gesundheit tun:
Eine gute Ernährung und viel Bewegung helfen und sind gut für das Gewicht und die Fitness. Diese zehn einfachen Regeln zeigen: Richtig essen kann lecker und gesund sein!

Gesund essen

1. Oft verschiedene Lebensmittel
2. Viel Brot, Reis, Nudeln, Kartoffeln
3. Fünfmal am Tag Gemüse und Obst
4. Täglich Milch und Milchprodukte
5. Ein- bis zweimal Fisch pro Woche; nicht zu viel Fleisch, Wurst und Eier
6. Nicht zu viel Zucker und Salz
7. Täglich 1,5 Liter Wasser oder Getränke mit wenig Kalorien
8. Lecker, aber mit wenig Fett, Zucker oder Salz kochen
9. Sich für das Essen Zeit nehmen
10. Viel Bewegung

2 Körperteile. Ergänzen Sie die Körperteile im Singular (ß = ss).

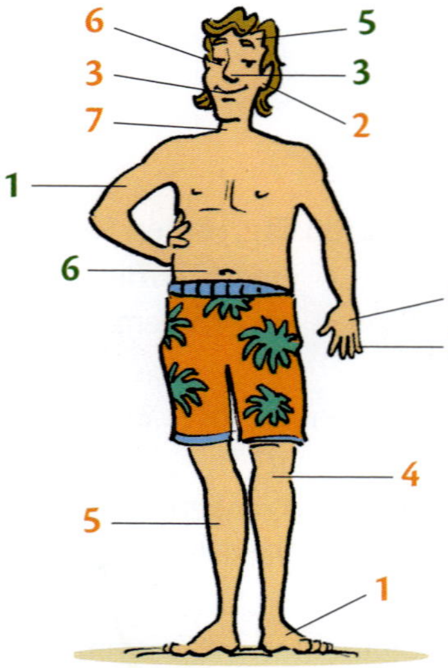

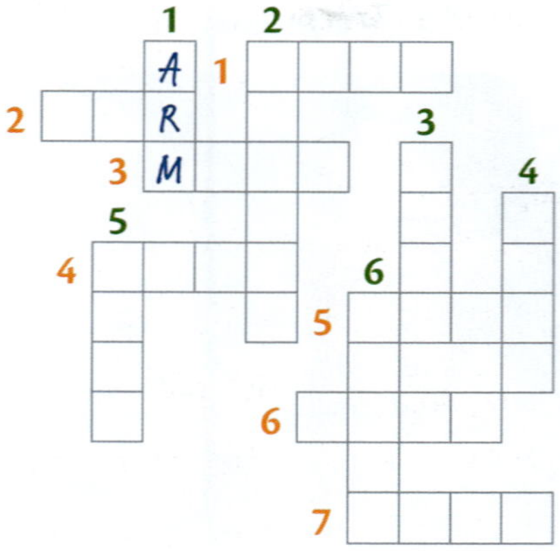

3 Krankheiten. Ergänzen Sie.

Hals – Bauchschmerzen – Nase – Erkältung – Fieber – Kopfschmerzen

1. Toms .... läuft. Er hat Schnupfen.
2. Heute ist Olgas Körpertemperatur 38,4° Celsius. Sie hat ....
3. Frau May tun der .... und der Kopf weh.
   Sie hat eine ....
4. Der kleine Michi hat zu viel Eis gegessen. Er hat ....
5. Viele Menschen bekommen bei Stress ....

4 Komposita

a) Was passt zusammen? Verbinden Sie.

Kranken	1	a	-platz / -gerät / -art
Arzt	2	b	-tipp / -problem / -beratung
Gesundheits	3	c	-haus / -pfleger / -kasse
Sport	4	d	-praxis / -termin / -besuch

b) *Der, die* oder *das*? Machen Sie eine Tabelle im Heft und ordnen Sie die Komposita zu. Schreiben Sie auch die Pluralformen auf. Das Wörterbuch hilft.

der	das	die
....	....	Krankenkasse,
....	....	Krankenkassen
....	....	....

5 Herr Moll geht zum Arzt

a) Was passt? Kreuzen Sie an.

1. Anmeldung in der Arztpraxis

1. Guten Tag. Haben Sie …
   a [x] einen Termin?
   b [ ] ein Problem?

2. Haben Sie Ihre … mitgebracht?
   a [ ] Krankenversicherung
   b [ ] Versicherungskarte

3. Waren Sie in … schon einmal bei uns?
   a [ ] diesem Quartal
   b [ ] dieser Praxis

4. Nehmen Sie bitte noch einen Moment im … Platz.
   a [ ] Flur
   b [ ] Wartezimmer

5. Patienten mit Termin müssen bei uns … warten.
   a [ ] nicht lange
   b [ ] immer sehr lange

2. Im Sprechzimmer

1. Ich schreibe Ihnen … für Hustensaft.
   a [ ] einen Zettel
   b [ ] ein Rezept

2. Und ich verschreibe Ihnen auch noch … gegen das Fieber.
   a [ ] ein Medikament
   b [ ] eine Tablette

3. Die … bekommen Sie an der Rezeption.
   a [ ] Krankschreibung
   b [ ] Medikamente

4. Ich wünsche Ihnen …
   a [ ] viel Spaß!
   b [ ] gute Besserung!

5. Auf …
   a [ ] Wiedersehen.
   b [ ] Wiederhören.

36

b) Textkaraoke: Beim Arzt. Hören Sie und sprechen Sie die -Rolle im Dialog.

1.
- …
- Guten Tag. Ja, um neun Uhr. Mein Name ist Moll.
- …
- Ja, hier, bitte. Ich bin bei der AOK.
- …
- Nein, noch nicht. Ich glaube, ich war dieses Jahr einmal im Februar hier.
- …
- Muss ich lange warten?
- …

2.
- …
- Gut. Und was mache ich gegen das Fieber?
- …
- Danke. Ich brauche auch eine Krankschreibung für meinen Arbeitgeber.
- …
- Das ist gut. Und das Rezept?
- …
- Vielen Dank. Auf Wiedersehen.
- …

6 Nach dem Arztbesuch

a) **Herr Moll ist wieder zu Hause. Zuerst spricht er mit seiner Frau (Dialog A) und dann ruft er seinen Chef an (Dialog B). Wer sagt was? Kreuzen Sie an.**

		Frau Moll	der Chef
a	Da bist du ja wieder. Wie geht es dir?	☒	☐
b	Ach, das ist jetzt nicht so wichtig. Bringen Sie die Krankschreibung einfach am Montag mit.	☐	☐
c	Getränkemarkt Kunze. Guten Tag!	☐	☐
d	Das ist kein Problem. Ich muss auch noch etwas einkaufen. Brauchst du noch etwas?	☐	☐
e	Sie sind krank? Das tut mir leid. Was fehlt Ihnen denn?	☐	☐
f	Mach das zuerst. Hast du auch ein Rezept bekommen? Der Arzt hat dir doch sicher Medikamente verschrieben.	☐	☐
g	Na ja, dann erholen Sie sich gut! Hoffentlich geht es Ihnen dann schnell wieder besser.	☐	☐
h	Hat er dir eine Krankschreibung für deinen Arbeitgeber gegeben?	☐	☐
i	Erkältet? Waren Sie auch schon beim Arzt?	☐	☐

b) **Ergänzen Sie die Dialoge.**

Dialog A: Herr Moll spricht mit seiner Frau.

Frau Moll: [a] *Da bist du ja wieder. Wie geht es dir?*
Herr Moll: Nicht besonders gut. Der Arzt sagt, ich muss drei Tage im Bett bleiben und viel schlafen. Mit der Erkältung kann ich nicht arbeiten.

Frau Moll: ☐ ....
Herr Moll: Ja, ich rufe meinen Chef gleich an.

Frau Moll: ☐ ....
Herr Moll: Das habe ich fast vergessen. Kannst du für mich in die Apotheke gehen?

Frau Moll: ☐ ....
Herr Moll: Bitte bring mir frisches Obst mit. Ich brauche viel Vitamin C.

Dialog B: Herr Moll ruft seinen Chef an.

Herr Kunze: ☐ ....
Herr Moll: Guten Tag! Hier Frank Moll. Ich bin krank und kann heute nicht zur Arbeit kommen.

Herr Kunze: ☐ ....
Herr Moll: Ich bin total erkältet.

Herr Kunze: ☐ ....
Herr Moll: Ja, der Arzt hat mich bis Montag krank geschrieben.

Herr Kunze: ☐ ....
Herr Moll: Vielen Dank! Meine Frau kann Ihnen die Krankschreibung bringen.

Herr Kunze: ☐ ....

37 **c)** **Alles richtig? Hören Sie und kontrollieren Sie in a).**

7 Imperativ. Ergänzen Sie die Formen wie im Beispiel.

Infinitiv	Präsens		Imperativ	
essen	du	*isst*		öfter Fisch.
trinken	ihr			jeden Tag einen Liter Wasser.
nehmen	Sie			weniger Salz.

8 Gesundheitsmagazin

38

a) Hören Sie den Jogger-Podcast. Über welches Thema spricht Carsten Schnell? Kreuzen Sie an.

1. ☐ Tipps für die richtigen Joggingschuhe
2. ☐ Tipps für das Lauftraining im Sommer
3. ☐ Tipps für besonders schöne Laufwege

b) Welche Tipps geben Sie Ihrem Freund / Ihrer Freundin für das Lauftraining im Sommer? Schreiben Sie die Sätze im Imperativ.

Tipp 1: Vor dem Training viel trinken → *Trink vor dem Training viel!*

Tipp 2: Früh am Morgen laufen → ....

Tipp 3: Getränke mitnehmen → ....

Tipp 4: Viel frisches Obst essen → ....

Tipp 5: Vor dem Training kalt duschen → ....

9 Gesundheitsberatung

a) Schreiben Sie Sätze im Imperativ.

1. Sie müssen mehr Sport machen. *Machen Sie mehr Sport!*
2. Du darfst nicht so viel fernsehen. ....
3. Ihr müsst öfter mal zu Fuß gehen. ....
4. Du musst mehr Gemüse essen. ....
5. Sie dürfen nicht so viel Alkohol trinken. ....
6. Ihr dürft nicht so viel Zucker nehmen. ....

b) Das Modalverb *dürfen*. Lesen Sie die Sätze noch einmal und ergänzen Sie die Tabelle.

ich	*darf*	wir	*dürfen*
du		ihr	
er/es/sie	*darf*	sie/Sie	

10 Modalverben. Ergänzen Sie *dürfen* oder *müssen*. Denken Sie auch an die Verbform.

1. Du hast schon wieder Zigaretten gekauft. Du ....darfst................ doch nicht mehr rauchen!
2. Ich .... nach dem Unterricht zum Zahnarzt gehen. Ich habe Zahnschmerzen.
3. Ihr .... nicht so viel Eis essen. Danach bekommt ihr wieder Bauchschmerzen.
4. Was hat der Arzt gesagt? .... du wieder Fußball spielen?
5. Herr Merino .... im Bett bleiben. Er hat Fieber.
6. Du hast eine Erkältung? Du .... viel trinken und viel frisches Obst essen.
7. Silvia ist noch etwas erkältet. Sie .... noch nicht schwimmen gehen.
8. Ich war eine Woche krank. Mein Magen! Jetzt .... ich wieder alles essen.

11 Alte Schulfreunde

a) Ergänzen Sie in der Tabelle die fehlenden Personalpronomen.

Nominativ	ich	....	er / es / sie	....	ihr	sie / Sie
Akkusativ	mich	dich	....../....../....	uns	....	....../......

b) Lisa hat nach vielen Jahren Ludger im Internet gefunden. Markieren Sie Nominativ oder Akkusativ wie im Beispiel und ergänzen Sie die Personalpronomen.

- Hallo, ..ich........ (*Nom./Akk.*) bin es, Lisa. Kennst du ..mich........ (*Nom./Akk.*) noch?
- Welche Lisa? Kenne ich .... (*Nom./Akk.*)?
- Ja, ... (*Nom./Akk.*) waren zusammen auf der Schule.
- Das war vor so vielen Jahren! .... (*Nom./Akk.*) weißt noch, wer .... (*Nom./Akk.*) bin?
- Ja, klar! Du hattest lange Haare und warst immer mit Holger zusammen. .... (*Nom./Akk.*) habt fast nichts alleine gemacht.
- Holger? Du kennst .... (*Nom./Akk.*) also auch?
- Nicht gut, aber ich habe .... (*Nom./Akk.*) oft in der Pause gesehen.
- Tja, Holger war mein bester Freund.
- Was macht .... (*Nom./Akk.*) denn jetzt?
- Keine Ahnung. .... (*Nom./Akk.*) ist nach dem Studium ins Ausland gegangen.
- Und was machst .... (*Nom./Akk.*) jetzt? Bist du verheiratet?
- Ja, mit Lynn. Wir haben uns in Washington kennengelernt.
- Du warst in den USA? Was hast .... (*Nom./Akk.*) da gemacht? Und wo hast du .... (*Nom./Akk.*) denn kennengelernt?
- Ich war fünf Jahre an der deutschen Botschaft in Washington. Wir haben .... (Nom./Akk.) bei einem Abendessen bei Freunden getroffen.

Leben in Deutschland 4

1 Natur

a) Lesen Sie die Überschriften und ordnen Sie die Themen (1–4) zu.

Natur ist wieder in und liegt bei vielen Menschen in diesem Sommer bei Themen wie *Urlaub* (**1**), *Verkehr* (**2**), *Ernährung* (**3**) und *Wohnen* (**4**) voll im Trend.

a

☐ Materialien aus der Natur sind bei Gartenmöbeln immer noch in

Beim Kauf von Gartenmöbeln steht das Thema Natur in diesem Jahr ganz oben auf der Liste. Robinienholz ist besonders hart und diesen Baum gibt es auch in Europa. Gartenmöbel aus asiatischem oder südamerikanischem Holz sind nicht mehr so beliebt wie im letzten Jahr. Die großen Wälder in Indonesien oder Brasilien für unsere Gartenmöbel zerstören? Das ist nicht gut für die Natur, meinen viele Gartenfreunde.

b

☐ Schon gebucht?

Schon lange ist Südtirol ein attraktives Reiseziel für einen Aktivurlaub mit der ganzen Familie. Hier gibt es in den Bergen Ferienwohnungen auf Bauernhöfen und schöne Wanderwege. Im Sommer laden viele Seen zum Schwimmen oder zu einer Bootsfahrt ein. Kinder mögen Tiere und die Natur – und die Südtiroler mögen Kinder! Bei 300 Sonnentagen im Jahr ist das Wetter sicher auch gut! Mehr Informationen finden Sie unter **www.suedtirol.info**.

c

☐ Vom Balkon frisch auf den Tisch

Wer keinen Garten hat, hat hoffentlich wenigstens einen Balkon. Viele Balkone sind nicht sehr groß, aber man kann auch auf einem kleinen Balkon einen Garten haben. Im Juni wachsen zwischen Blumen schon die ersten Erdbeeren, Salat und Kräuter in den Pflanzenkästen. Im Juli und August gibt es noch Tomaten und Paprika. Als HobbygärtnerIn leben Sie gesund von der Natur!

d

☐ Aktion „Ein Sommer auf zwei Rädern"

Diesen Sommer bleibt das Auto in der Garage. Zur Arbeit fahren, einkaufen oder in den Urlaub fahren – über 500 TeilnehmerInnen der Aktion „Ein Sommer auf zwei Rädern" meinen, das geht alles auch mit dem Fahrrad. So können sie auf schönen Radwegen die Natur genießen, in der Stadt an Staus vorbei fahren, etwas für ihre Gesundheit tun und auch noch viel Geld sparen. Versuchen Sie es doch auch einmal – wenigstens für eine Woche!

39

b) Eine Umfrage: Was machen Sie in diesem Sommer? Ordnen Sie den Personen passende Artikel aus a) zu.

2 Bitte bleiben Sie gesund!

a) Welches Bild passt zu welchem Text? Ordnen Sie zu.

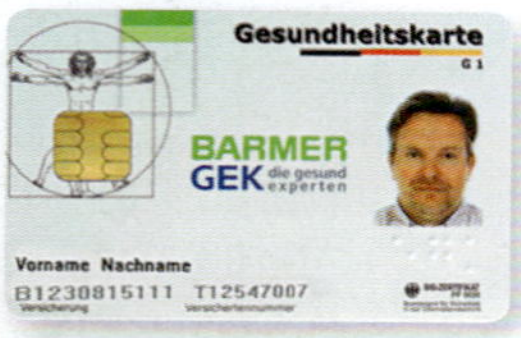

c

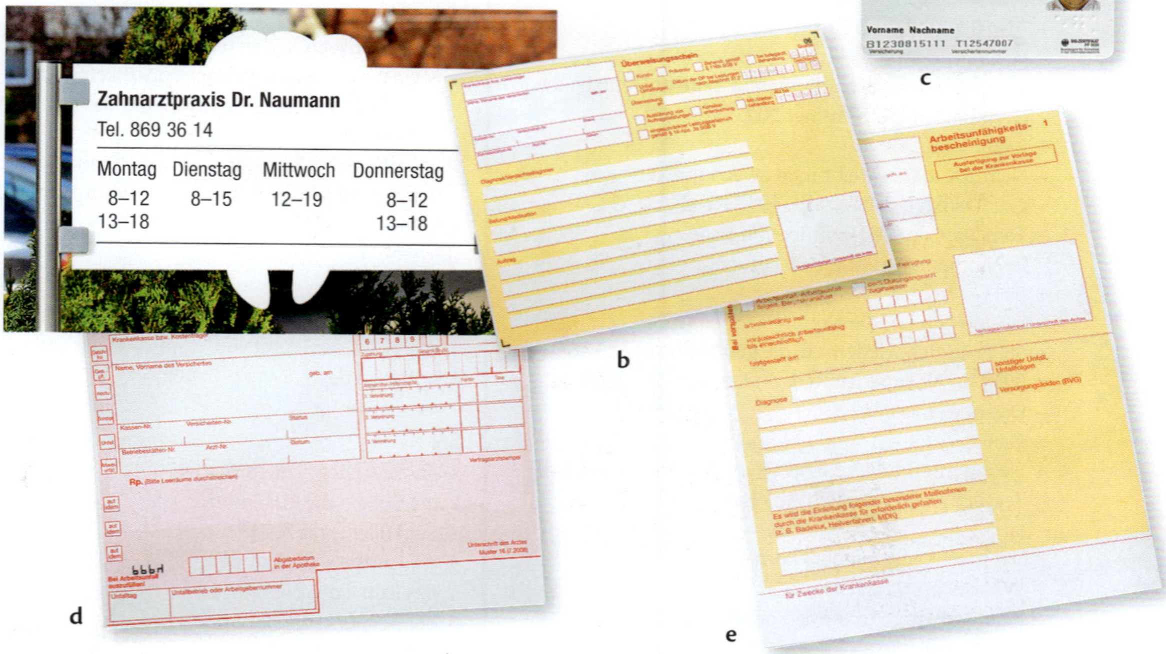

a b d e

1. ☐ Das ist eine Gesundheitskarte. Man braucht sie für den Besuch beim Arzt.
2. ☐ Der Arzt schreibt eine Krankschreibung. Das Original schickt man an die Krankenkasse. Die Kopie ist für den Arbeitgeber oder die Schule.
3. ☐ Der Hausarzt schreibt eine Überweisung für das Krankenhaus oder den Facharzt.
4. ☐ Für viele Medikamente braucht man ein Rezept vom Arzt. Mit dem Rezept geht man in die Apotheke.
5. ☐ Das Arztschild informiert über die Sprechzeiten und die Telefonnummer. Man ruft in der Praxis an und vereinbart einen Termin.

b) Was ist richtig? Kreuzen Sie an. Korrigieren Sie die falschen Aussagen.

1. ☐ Mit einer Gesundheitskarte kann ich einen Arzt anrufen.
2. ☐ Das Rezept gebe ich der Krankenkasse.
3. ☐ Auf einem Arztschild stehen Sprechzeiten und Telefonnummer.
4. ☐ Die Krankschreibung schickt man an die Apotheke.
5. ☐ Für den Facharzt und das Krankenhaus brauche ich eine Überweisung.

Hörtexte

Hier finden Sie alle Hörtexte, die nicht oder nicht komplett in den Einheiten abgedruckt sind.

Start auf Deutsch

1 b)

1. Ergänzen Sie. – 2. Antworten Sie. – 3. Buchstabieren Sie die Namen. – 4. Notieren Sie. – 5. Fragen Sie. – 6. Hören Sie den Dialog. – 7. Lesen Sie den Text. – 8. Kreuzen Sie an. – 9. Verbinden Sie. – 10. Markieren Sie.

1 Kaffee oder Tee?

3

1. + Frau Meier, wie ist Ihre Telefonnummer?
   – Das ist die 0 1 7 1 2 8 5 4 7 6.
   + Also 0 1 7 1 2 8 5 4 7 6?
   – Ja, das ist richtig.
2. + Yingjie, wie ist die Nummer von deinem Deutschkurs?
   – Der Kurs hat die Nummer 202.
   + 212?
   – Nein 202, das schreibt man zwei null zwei.
   + Gut. Danke.
3. + Tom, hast du die Nummer von Lisa?
   – Ja, Moment. Das ist die 0911 für Nürnberg.
   + 0911?
   – Ja. Und Lisa hat die Nummer 55 21 19.
   + 55 21 19? Ich wiederhole die ganze Nummer: Das ist die 0911 für Nürnberg und dann die 55 21 19.
   – Das ist richtig.
   + Danke, Tom!
4. + Sie möchten zahlen? Einen Moment, bitte. Also, zwei Tee, ein Wasser und ein Apfelsaft, richtig?
   – Ja.
   + Das macht zusammen 8 Euro 40.
5. + Wir möchten zahlen, bitte.
   – Kein Problem. Zusammen oder getrennt?
   + Zusammen, bitte.
   – Gut, zwei Milchkaffee und ein Wasser. Das macht 6 Euro 80.
   + Gern, hier bitte.
   – Danke.

9 d)

1. + Guten Tag, ist hier noch frei?
   – Ja, bitte. Sind Sie auch im Deutschkurs?
   + Nein, ich bin im Spanischkurs.
2. + Hallo, Alida. Das sind Cai und Hung.
   – Hallo, Cai. Hallo, Hung. Seid ihr aus China?
   # Nein, wir sind aus Vietnam. Und du? Woher bist du?
   – Ich komme aus Deutschland.
3. + Ist Susanna auch im Yogakurs?
   – Nein, sie und Aziz sind im Salsakurs.

2 Sprache im Kurs

1 b)

1. Die Kinder möchten nicht in Frankfurt leben. Na ja, wir haben in den USA ein Haus, einen Hund und ihre Freunde leben auch da. Jetzt fliege ich viel. Meine Frau findet das nicht so gut.
2. Ich bin verheiratet und lebe allein. Mein Mann ist in China. Hier in Jena habe ich gute Freundinnen. Wir machen jetzt zusammen einen Yogakurs.
3. Ich lerne Spanisch. Ich möchte in Madrid leben und arbeiten. Die Stadt finde ich gut. Der Hund und das Motorrad kommen auch mit nach Spanien. Das ist kein Problem.
4. Wir leben jetzt in der Türkei. Hier haben wir ein Haus. Mein Mann hat im Moment noch keine Arbeit. Das findet er nicht so gut. Aber das Kind und das Haus machen auch viel Arbeit.
5. Ich arbeite bei Siemens und lebe mit meiner Freundin Eva in München. Im Sommer fliegen wir zusammen nach Irland.

2 c) und d)

1. Ich habe eine Frage. – 2. Können wir eine Pause machen? – 3. Wie heißt der Plural von Stuhl? – 4. Das verstehe ich nicht. – 5. Was ist das?

5 b)

1. das Brötchen – die Brötchen
2. die Brille – die Brillen
3. der Füller – die Füller
4. die Lampe – die Lampen
5. das Fahrrad – die Fahrräder
6. der Becher – die Becher
7. der Saft – die Säfte
8. das Heft – die Hefte

3 Städte – Länder – Sprachen

2

+ Wir wollen wissen: Welche Sprachen sprechen die Deutschen neben ihrer Muttersprache. Frau Professor Meininger, Fremdsprachen sind nicht nur in Europa sehr wichtig.
– Das stimmt. Auch in Deutschland ist das so.
+ Und welche Sprachen sprechen die Deutschen?
– Das ist eine gute Frage. Die offizielle Statistik sagt, 85 % sprechen Englisch. Die Sprache lernen schon die Kinder. 33 % lernen auch Französisch.
+ Sind das alle Sprachen?
– Nein. Viele sprechen auch Spanisch oder Italienisch.
+ Spanisch?

– Ja, 16 % der Deutschen sprechen Spanisch und 10 % sprechen Italienisch.
+ Und Russisch?
– Ach ja. 15 % sprechen Russisch und 18 % sprechen andere Fremdsprachen wie Türkisch, Polnisch, Niederländisch, Dänisch, Chinesisch …

5 b)

1. + Hallo Alfiya und Lena, wart ihr in Köln?
   – Nein, wir waren in Berlin. Warst du schon mal dort?
   + Ja. Ich finde Berlin gut. Und wo seid ihr jetzt? Seid ihr in Berlin?
   – Nein, wir sind in München.
2. + Ute, bist du aus Bremen?
   – Nein, ich bin aus Hamburg. Und du, Fatih, warst du schon mal in Hamburg?
   + Nein, ich war noch nicht in Hamburg, aber ich war schon in Bremen.
   – Ich auch.
3. + Herr Meier, waren Sie schon mal in London?
   – Ja, ich war schon mal in London, in der Tate Gallery.
   + Ist das ein Museum?
   – Ja. Ich gehe gern in Museen.
   + Kommen Sie jetzt direkt aus London?
   – Nein, ich komme jetzt aus Wien. Ich war dort in der Oper.
4. + Ich war gestern im Konzert von Yo-Yo Ma. Du auch?
   – Nein, ich nicht. War Thomas auch dort?
   + Keine Ahnung. Findet er Yo-Yo Ma gut?
   – Ja. Er hat alle CDs von Yo-Yo Ma.

6 a)

1. + Sprichst du Deutsch?
   – Ja, etwas.
2. + Rodrigo, welche Sprache sprecht ihr in Peru?
   – In Peru? Spanisch und Ketschua.
3. + Herr Kluge, Sie sind mit Satomi verheiratet. Welche Sprache sprechen Sie mit Satomi?
   – Ich spreche mit Satomi Japanisch. Sie spricht aber auch schon gut Deutsch.
4. + Welche Sprachen sprichst du?
   – Ich spreche Deutsch, Englisch und etwas Italienisch.
5. + Ich verstehe das nicht. Welche Sprache ist das?
   – Entschuldigung, wir sprechen Chinesisch.

4 Menschen und Häuser

2 a)

1. Der Kaffee ist kalt! – 2. Mein Hotelzimmer war laut! – 3. Ich finde meine Tasche zu klein. – 4. Mein Balkon ist immer dunkel. – 5. Ich finde, das Auto ist hässlich. – 6. Hier im Restaurant ist der Service langsam.

2 c)

1. + Der Kaffee ist kalt!
   – Kalt? Nein, mein Kaffee ist warm.
2. + Mein Hotelzimmer war laut!
   – Laut? Mein Hotelzimmer war ruhig.
3. + Ich finde meine Tasche zu klein.
   – Zu klein? Ich finde, deine Tasche ist zu groß!
4. + Mein Balkon ist immer dunkel.
   – Mein Balkon ist hell. Ich habe viel Sonne.
5. + Ich finde, das Auto ist hässlich.
   – Hässlich? Ich finde das Auto schön!
6. + Hier im Restaurant ist der Service langsam.
   – Langsam? Nein, der Service hier ist schnell!

3 a)

+ Hallo Stefan, wie geht's?
– Danke, gut. Und dir?
+ Auch gut. Trinkst du auch einen Milchkaffee?
– Nein, ich nehme ein Wasser. … Hallo, ein Wasser, bitte!
Kommt sofort.
+ Sag mal, ist das Café neu?
– Ja, ich war auch noch nicht hier. Und ich wohne hier!
+ Was? Hier im Café?
– Nein, in dieser Straße.
+ Ich finde das zu laut.
– Die Straße ist leise. Hier gibt es viele Reihenhäuser. Die Gartenstraße ist eine Wohnstraße. Die Autos fahren langsam.
+ Und wie ist deine Wohnung?
– Super! Es gibt zwei Zimmer, eine Küche und ein Bad. Alle Zimmer sind hell und ich habe viel Platz.
+ Hast du auch einen Balkon?
– Ja. Aber der Balkon ist klein.
+ Und was kostet die Wohnung?
– Das sage ich nicht. Sie ist schön, aber auch teuer …

8 a)

1. Ich bin Studentin und lebe im Wohnheim. Das ist nicht so teuer. Mein Zimmer ist klein, aber hell. Es gibt ein Fenster. Links von der Zimmertür ist ein Bücherregal und ein Sofabett. Ich habe auch einen Schreibtisch und einen Stuhl. Mein Sessel ist am Fenster. Da lese ich.
2. Ich wohne auch im Studentenwohnheim. Mein Zimmer finde ich zu klein, aber es ist hell. Das ist wichtig. Links von der Zimmertür ist mein Regal und rechts von der Tür ist mein Kleiderschrank. Mein Sofabett ist auch rechts und der Schreibtisch ist am Fenster. Da arbeite ich am Computer.

5 Termine

3

1. Es ist 7 Uhr. Sie hören die Nachrichten. Washington. Der amerikanische Präsident …
2. + Entschuldigung, wann geht der nächste Zug nach Mannheim?
   – Nach Mannheim wollen Sie? Moment: Ja, Sie können um 15.35 Uhr direkt nach Mannheim fahren.
   + Um 15.35 Uhr, also fünf nach halb vier? Dann habe ich noch Zeit für einen Kaffee. Gut.
   – Das Ticket bekommen Sie am Automaten.
   + Vielen Dank.
3. + Guten Morgen.
   – Guten Morgen, Herr Wiegant. Sie kommen schon wieder eine halbe Stunde zu spät. Wir fangen hier mit der Arbeit pünktlich um 9 Uhr an.
   + Entschuldigung. Ich war im Stau.
4. + Hallo Sabine.
   – Hallo Carlos. Was machst du heute?
   + Ich habe frei. Und du?

– Ich habe ein Problem. Du weißt, ich mache einen Portugiesischkurs, aber ich spreche nicht gerne im Kurs. Ich mache immer so viel falsch. Ich brauche deine Hilfe.
+ Gerne. Treffen wir uns heute Nachmittag um halb drei im Café Silberstein? Dann können wir etwas Portugiesisch sprechen.
– Um halb drei? Da arbeite ich noch. Kannst du auch um halb fünf?
+ Ja, gut. Also um halb fünf im Silberstein.
– Danke. Tschüss.
+ Kein Problem. Das mache ich doch gerne. Tschüss.

4 b) und c)

1. + Ach, ich gehe ins Bett. Morgen klingelt mein Wecker schon um sechs.
   – Ich komme später. Ich möchte den Film noch sehen.
   + Okay, gute Nacht, Michael!
   – Gute Nacht, Laura.
2. + Paul? Stehst du jetzt immer so früh auf?
   – Guten Morgen, Eva. Gibt's schon Kaffee?
   + Morgen. Ja, aber es ist doch erst halb sechs.
   – Ich habe heute Morgen um acht einen wichtigen Termin in Köln und da ist auf der Autobahn immer Stau.
3. + Lisa, was machst du denn hier?
   – Guten Tag, Frau Schubert. Ich habe um drei einen Fotokurs.
   + Ach so, na dann viel Spaß!
4. + Oh, Guten Tag, Frau Ende.
   – Guten Tag, Herr Bauer. Essen Sie oft hier?
   + Nein, nicht so oft. Ich treffe meine Frau zum Mittagessen. Und Sie?
   – Ich esse jeden Mittwoch hier.
5. + Guten Abend, Sonja. Wie geht's?
   – Gut. Und Ihnen?
   + Du kannst du sagen. Ich heiße Bernd.

6

+ Friseursalon Reuter, guten Tag.
– …
+ Waren Sie schon einmal hier?
– …
+ Wie war Ihr Name?
– …
+ Passt es Ihnen nächste Woche Mittwoch um 10.45 Uhr?
– …
+ Ja, das geht auch.
– …
+ Auf Wiederhören!

6 Orientierung

3

+ Was machst du eigentlich morgen, Susanne?
– Morgen? Ich habe viel zu tun. Um halb acht muss ich zum Bahnhof.
+ Ich fahre dich mit dem Auto zum Bahnhof.
– Nein, danke. Ich fahre lieber mit dem Fahrrad und nehme dann den Zug um kurz vor acht. Um Viertel nach bin ich dann in Köln.
+ Gut. Und was machst du in Köln?
– Ich arbeite von halb neun bis fünf. Dann fahre ich mit dem Bus zum Heumarkt und treffe um Viertel nach fünf Marie.
+ Marie? Wer ist das denn?
– Eine Freundin aus dem Sportclub. Wir fahren zusammen mit ihrem Auto zum Sport.
+ Und wie kommst du wieder nach Hause?
– Ganz einfach: Marie bringt mich zum Bahnhof und dann nehme ich um kurz vor halb neun den Zug nach Bonn. Und da wartet mein Fahrrad auf mich …

8

Ich habe in meinem Büro einen neuen Schrank. An der Wand über dem Schrank hängt ein Bild. Rechts auf dem Schrank steht mein Drucker. Links neben dem Drucker stehen meine Wörterbücher und vor den Wörterbüchern liegt ein Ordner. Rechts und links vom Schrank stehen Pflanzen. Der Schrank steht also zwischen zwei Pflanzen. Schön, oder?

Leben in Deutschland 2

2

1. + Taxizentrale Freiburg, guten Morgen.
   – Guten Morgen. Ich brauche ein Taxi.
   + Wo sind Sie?
   – Ich bin in der Taunusstraße Nummer zwei, hier in Freiburg.
   + Ihr Name?
   – Ach so, ja. Roland Bergmann.
   + Brauchen Sie das Taxi jetzt gleich?
   – Nein, um Viertel nach elf bitte.
   + Viertel nach elf. Kein Problem, Herr Bergmann. Ihr Taxi kommt dann in die Taunusstraße zwei.
   – Vielen Dank. Auf Wiederhören.
   + Auf Wiederhören.
2. + Klose, Agentur für Arbeit Südwest. Guten Tag.
   – Guten Tag. Aghdam. Ich möchte einen Termin machen.
   + Wie war der Name? Können Sie ihn bitte buchstabieren?
   – Aghdam, A – G – H – D – A – M.
   + Kommen Sie am Montag um 8.30 Uhr.
   – Oh, da habe ich schon einen Arzttermin.
   + Also dann am Donnerstag um 16 Uhr. Bitte bringen Sie Ihren Pass und Ihre Besucherkarte mit.
   – Gut. Danke, und auf Wiederhören.
   + Auf Wiederhören.
3. + ADAC, guten Abend. Was können wir für Sie tun?
   – Guten Abend. Ich habe eine Autopanne.
   + Wie ist denn bitte Ihr Name?
   – Entschuldigung, Klingmann hier.
   + Gut, Frau Klingmann. Wo sind Sie und was ist passiert?
   – Ich bin auf der Autobahn, auf der A3 bei Oberhausen. Mein Auto fährt nicht mehr.
   + Ist etwas kaputt?
   – Keine Ahnung. Der Motor ist heiß. Können Sie mir helfen?
   + Ja, sicher. Ich schicke gleich einen Kollegen. Wo genau sind Sie denn?
   – Wie gesagt, ich bin hier nur wenige Kilometer vor Oberhausen.
   + Wohin sind Sie denn unterwegs?
   – Ich bin auf dem Weg nach Köln.
   + Und welches Auto fahren Sie?

- – Ich fahre einen roten Golf mit der Nummer EL–BA–125.
- \+ Gut, dann finden wir Sie. Die Pannenhilfe ist in 30 Minuten bei Ihnen, Frau Klingmann.
- – Vielen Dank. Auf Wiederhören.
- \+ Auf Wiederhören.

4. \+ Ärztlicher Bereitschaftsdienst.
- – Eggers, guten Morgen.
- \+ Herr Eggers, wie kann ich Ihnen helfen?
- – Ich brauche einen Arzt. Mir geht es gar nicht gut.
- \+ Kein Problem. Geben Sie mir bitte Ihre Adresse?
- – Kantstraße 17 in Witten.
- \+ Und die Postleitzahl?
- – Das ist die 58453.
- \+ Moment, 5 – 8 – 4 – 5 – 2.
- – Nein, die Postleitzahl ist 58453.
- \+ Ach so. Gut, Herr Eggers. Ich rufe jetzt einen Arzt in Ihrer Nähe an. Aber heute ist Sonntag und die Bereitschaftsärzte haben viel zu tun. Ich gebe dem Arzt Ihre Telefonnummer. Er ruft Sie dann an und sagt Ihnen, wann er kommt.
- – Vielen Dank. Auf Wiederhören.
- \+ Auf Wiederhören und gute Besserung!

7 Berufe

5

1. \+ Guten Tag, mein Name ist Ertel. Ich komme aus Bonn und bin Redakteurin bei der Abendzeitung. Hier ist meine Karte.
- – Ach, Frau Ertel. Sie sind also eine Kollegin! Ich schreibe für die Kölner Rhein-Zeitung. Entschuldigung, ich muss mich noch vorstellen: Mein Name ist Konstantinos Tselios. Hier ist meine Karte.
- \+ Sie sind bei der Rhein-Zeitung? Kennen Sie vielleicht Ruth Baumann? Sie arbeitet auch bei Ihrer Zeitung. Sie ist die Sekretärin vom Chefredakteur. Wir waren zusammen in der Schule.
- – Frau Baumann? Nein, tut mir leid, ich kenne sie nicht. Sicher arbeitet sie in der Domstraße. Mein Büro ist in der Marktstraße.
- \+ Naja, ist auch nicht so wichtig. Wie finden Sie die Konferenz?

2. \+ Sie sind also Frau Hartmann. Sie sind Programmiererin bei Software-Solutions, richtig?
- – Ja, das ist richtig. Wir schreiben Programme für Produktbestellungen im Internet.
- \+ Interessant. Mein Name ist Michael Romanov. Ich habe hier in Frankfurt eine Tischlerei und möchte meine Möbel auch im Internet verkaufen. Ich suche noch ein passendes Programm. Wir müssen einen Termin machen. Hier ist meine Karte.
- – Gerne. Hier ist meine Karte. Sie können mich von Montag bis Donnerstag am besten in der Zeit zwischen 10 und 17 Uhr im Büro anrufen. Am Freitag arbeite ich zu Hause. Meine Handynummer finden Sie hier unten auf der Karte.
- \+ Gut. Vielen Dank. Ich rufe Sie an.

6 b)

- \+ Wir haben Erkan bei der Arbeit besucht und mit ihm über seinen Beruf gesprochen. Erkan, was machen Sie beruflich?
- – Alles, was ich gerne mache. Ich bin Florist und arbeite in einem Blumengeschäft. Als Florist kann ich mit Pflanzen und mit Menschen arbeiten.
- \+ Und was müssen Sie in dem Blumengeschäft machen?
- – Ich muss zum Beispiel Blumen verkaufen und Kunden beraten. Das finde ich gut.
- \+ Und wie ist Ihr Arbeitstag?
- – Na ja, ich habe immer viel zu tun. Jeden Montag und Donnerstag muss ich sehr früh aufstehen. Dann muss ich auf dem Großmarkt neue Blumen und Pflanzen für das Geschäft einkaufen. Aber das macht auch Spaß.
- \+ Es gibt nicht viele Männer in Ihrem Beruf, oder?
- – Das ist nicht ganz richtig. Auf dem Großmarkt arbeiten auch viele Männer. Aber in einem Blumengeschäft ...
- \+ Müssen Sie Ihren Kunden auch manchmal Blumen ins Haus bringen?
- – Ja, aber nicht so oft.

9

- \+ Guten Tag.
- – Guten Tag. Frau Lim, richtig?
- \+ Ja, richtig.
- – Sie sind nicht aus Deutschland?
- \+ Nein, ich komme aus China.
- – Sie sprechen sehr gut Deutsch. Welche anderen Sprachen können Sie?
- \+ Also, ich spreche natürlich Chinesisch, Deutsch, das wissen Sie ja, und Englisch.
- – Und Sie möchten bei uns im Lufthansa-Call-Center arbeiten?
- \+ Ja, genau. Ich suche Arbeit.
- – Bei uns müssen Sie viel telefonieren.
- \+ Das ist kein Problem.
- – Waren Sie schon einmal in einem Call-Center?
- \+ Nein, aber ich war Sekretärin. In dem Beruf ist Telefonieren auch wichtig. Also, Termine machen oder Kunden beraten, das machen wir meistens am Telefon. Das kann ich gut. Die Arbeit war auch immer sehr interessant. Seit drei Jahren habe ich ein Kind. Mein Sohn ist jetzt im Kindergarten und ich suche eine neue Arbeit.
- – Aha, Sie haben ein Kind. Können Sie denn auch am Wochenende arbeiten?
- \+ Ja, das geht. Mein Mann ist dann zu Hause.
- – Schön. Das ist wichtig. Wir beraten hier an sieben Tagen in der Woche Kunden der Lufthansa. Flugzeiten, Tickets und so. Sie müssen bei uns zuerst einen Kurs besuchen. Der Kurs findet aber nur abends statt. Geht das?
- \+ Ja, das ist sicher kein Problem.
- – Gut. Können Sie am 1. Juni anfangen?
- \+ Gerne. Das passt mir gut. Vielen Dank!
- – Ja, dann rufe ich jetzt meine Sekretärin an und Sie gehen gleich mit ihr. Wir brauchen noch ein paar Informationen und Papiere von Ihnen.
- \+ Okay, gerne. Vielen Dank nochmal. Auf Wiedersehen.
- – Auf Wiedersehen, Frau Lim.

8 Münster sehen

9 b)

a) + Mmh ..., ach ja, gehen Sie hier rechts und dann die erste Straße links. Da sehen Sie auf der linken Seite gleich einen Supermarkt. In dem Haus daneben sind verschiedene Praxen. Da finden Sie sicher, was Sie suchen. Allerdings ist heute Mittwoch. Da weiß man am Nachmittag nie ...
– Ach so. Na ja. Wir gehen also hier rechts und dann die erste Straße links. Richtig?
+ Ja. Das ist der Kürschnerweg. Da ist gleich links ein Supermarkt.
– Und in dem Haus daneben gibt es verschiedene Praxen?
+ Genau.
– Vielen Dank. Das finden wir.
+ Gerne.

b) + Ich glaube, die ist am Bahnhof. Ja, richtig. Gehen Sie hier geradeaus bis zur Parkstraße. Da gehen Sie links, an der Kirche und der Bank vorbei bis zur Schillerstraße. Da ist es dann gleich rechts vom Bahnhofsplatz. Das sehen Sie dann schon.
– Also hier geradeaus, dann links in die Parkstraße bis zur Schillerstraße.
+ Ja. Gehen Sie dann über die Schillerstraße. Dann sehen Sie es schon.
– Vielen Dank!
+ Kein Problem!

c) + Moment, das ist gleich dort in der Goethestraße. Das ist nicht weit. Gehen Sie hier über die Salzstraße und über den Marktplatz am Museum vorbei. Dann gehen Sie nur noch über die Goethestraße und Sie stehen davor.
– Ach so. Das ist gegenüber vom Museum, oder?
+ Ja, genau.
– Vielen Dank!
+ Gerne.

9 Ab in den Urlaub

4 b)

+ So. Jetzt ist Urlaub. Michael, ist alles fertig? Können wir starten?
– Ja. Die Koffer habe ich gepackt und das Auto habe ich auch schon kontrolliert. Die Stadtpläne von Rom und Neapel hast du schon am Montag gekauft, oder?
+ Ja. Und ich habe auch schon ein interessantes Buch über das alte Rom gelesen. Hast du die Zimmer reserviert?
– Das habe ich schon am Montag gemacht. Ich habe ein Zimmer in einem schönen Hotel in der Nähe vom Kolosseum in Rom gefunden.
+ Und Neapel?
– Die Fahrt nach Neapel habe ich schon geplant. Das ist nicht weit.
+ Das weiß ich. Ich meine aber das Hotelzimmer in Neapel.
– Ach so ... Das habe ich noch nicht reserviert. Sicher finden wir etwas.
+ Sicher?

8 a)

Heute hatten wir keinen Deutschunterricht. Unsere Lehrerin war nicht da. Ich habe meine Hausaufgaben gemacht, aber die anderen haben alle etwas anderes gemacht und nicht gelernt. Janina ist zur Toilette gegangen. Cem hat neben mir gesessen und aus dem Fenster gesehen. Ich glaube, er hat an seine Familie in der Türkei gedacht. Kit musste gestern lange im Restaurant arbeiten. Er war sehr müde und hat die ganze Zeit geschlafen. Olga und Li waren ziemlich laut, sie haben Karten gespielt. Ana hat morgen Geburtstag und gibt eine Party. Sie hat eine Einkaufsliste geschrieben. Tom hat neben Ana gesessen und auf seinem MP3-Player Musik gehört. Und Alfiya hat die ganze Zeit mit einer Freundin telefoniert.

Leben in Deutschland 3

1 b) und c)

1. Sicher meinen viele, ich habe einen typischen Frauenberuf, aber mir macht das Haareschneiden Spaß. Und zu uns kommen ja auch viele Männer. Bei der Arbeit spreche ich gerne mit den Kunden. Ich weiß immer, was in der Nachbarschaft passiert, wer in Spanien Urlaub macht, wer Geburtstag feiert oder Probleme hat. Ich finde das interessant.
2. Ich arbeite seit zehn Jahren in einem kleinen Supermarkt. Die Arbeit finde ich nicht so gut. Ich sitze jeden Tag stundenlang an der Kasse und muss oft auch Produkte in die Regale stellen. Dann bin ich abends sehr müde. Leider sind nicht alle Kunden freundlich, aber ich habe einen netten Chef und auch privat viel Kontakt zu meinen Kolleginnen.
3. Na ja, sagen wir mal so: Ich habe Arbeit und verdiene mein Geld. Nach der Schule hat meine Mutter gesagt, ich kann in ihrer Firma arbeiten. Und jetzt sitze ich fast den ganzen Tag am Schreibtisch, telefoniere mit Kunden, mache Termine für den Chef, schreibe E-Mails oder Rechnungen, mache Kopien und buche Flüge. Das macht müde. Ich möchte gerne einen anderen Beruf lernen. Vielleicht fange ich neu an und werde Gärtnerin.
4. Ich bin gerne den ganzen Tag in der Werkstatt und repariere Autos oder Motorräder. Das ist manchmal gar nicht so einfach. Jeder Motor ist anders und es gibt immer wieder neue Probleme. Die muss ich dann finden, und das macht mir nach über 30 Jahren immer noch viel Spaß! Meinen Beruf habe ich hier in der Werkstatt noch beim alten Chef gelernt. Wenn ich heute an die Autos aus den 80er Jahren denke ... Da waren die Motoren noch ganz anders!
5. Ich koche gerne und habe mein Hobby zum Beruf gemacht. Die Arbeit im Restaurant ist interessant. In jeder Jahreszeit gibt es etwas anderes. Der Sommer ist besonders interessant. Alles ist frisch und wir haben dann auch im Biergarten viele Gäste. Aber leider muss ich sehr oft abends und am Wochenende arbeiten. Meine Frau und die Kinder finden das nicht so gut.
6. Ich liebe Blumen! Das war schon immer so. Meine Eltern hatten einen Garten. Da habe ich schon immer gerne zwischen den Blumen gespielt. Heute verkaufe ich sie. Mein Beruf gefällt mir so gut, weil ich mit Menschen und Pflanzen arbeiten kann. Oft muss ich Kunden auch beraten. Gestern hat zum Beispiel eine Frau Blumen und Pflanzen für ihr neues Café gekauft. Das war gar nicht so einfach ...

10 Essen und trinken

6 b) und c)

1. + Sie wünschen?
   – Ein Weißbrot, bitte.
   + Darf es noch etwas sein?
   – Ja, Apfelkuchen.
   + Welchen Apfelkuchen möchten Sie denn?
   – Vier Stück von dem hier, bitte.
   + Der ist wirklich lecker. Das ist ein altes Familienrezept. Haben Sie noch einen Wunsch?
   – Nein, danke.
   + Ich bekomme dann 6 Euro 70 von Ihnen.
   – ...
   + Und 2 Euro 30 zurück. Ich wünsche Ihnen ein schönes Wochenende!
   – Danke, Ihnen auch.
2. + Was darf es sein?
   – Ich brauche Schinken für einen Nudelauflauf.
   + Da habe ich etwas für Sie. Der hier hat nur wenig Fett und schmeckt auch in einem Auflauf sehr gut. Ich nehme den auch oft.
   – Gut. Dann geben Sie mir bitte 150 Gramm.
   + Darf es noch etwas sein?
   – Danke, das ist alles.
   + Brauchen Sie eine Tüte?
   – Nein, ich habe eine Tasche dabei. Danke.
   + Dann macht das genau 2 Euro und 85 Cent.
   – Bitte.
   + Haben Sie vielleicht 5 Cent?
   – Kann sein. Ich sehe mal nach. Ja, hier.
   + Dann bekommen Sie 20 Cent zurück.
3. + Bitte schön?
   – Ich hätte gern zwei Zwiebeln.
   + Kein Problem. Zwei Zwiebeln, so. Möchten Sie vielleicht auch einen Bund Frühlingszwiebeln? Die sind ganz frisch.
   – Nein, danke. Aber ich nehme noch ein halbes Kilo Tomaten. Woher kommen die?
   + In dieser Jahreszeit gibt es noch keine deutschen Tomaten, die kommen aus Italien. 500 Gramm?
   – Ja, bitte.
   + Gut. Noch etwas?
   – Nein, danke. Das ist alles.
   + Moment. Das macht dann zusammen genau 3 Euro 60, bitte.
   – ...
   + Vier Euro. Sie bekommen 40 Cent zurück. Möchten Sie eine Tüte?
   – Nein, danke.
4. + Möchten Sie den Pecorino mal probieren? Der kostet heute nur 1,49 einhundert Gramm.
   – Nein, danke. Ich möchte Bergkäse.
   + Gut ... Da haben wir einen aus Tirol und den deutschen, der ist etwas salziger.
   – Dann nehme ich lieber den aus Tirol, bitte.
   + Und wie viel brauchen Sie?
   – 150 Gramm.
   + Moment ... Darf es noch etwas sein?
   – Danke, das ist alles.
   + Dann bekomme ich 2 Euro 30 von Ihnen.
   – ...
   + Und 70 Cent zurück, bitte schön.

11 Kleidung und Wetter

8 a) und b)

+ Guten Morgen, Inga. Na, wie war euer Frauenabend? Du warst erst ganz schön spät zu Hause!
– Na und? Es war richtig schön. Willst du die Fotos von gestern Abend sehen?
+ Gerne.
– Schau mal hier. Das ist Lotta. Sie hat nicht viel Geld, aber sie sieht immer super aus, oder? Sie trägt einen roten Rock und ein weißes T-Shirt unter ihrer Jeansjacke.
+ Stimmt. Sieht gut aus. Und die da?
– Das ist Laura, die kennst du doch. Sie war wieder voll im Trend. Sie hat ein neues Kleid. Ich finde es zu bunt, aber den anderen hat es gefallen. Und neben ihr ist Marie. Mode war ihr schon immer egal. Sie trägt meistens eine schwarze Jeans und eine helle Bluse.
+ Tja, das verstehe ich gut. Mode ist mir auch egal. Warum erzählst du mir nicht lieber, was ihr gemacht habt? Und wo wart ihr überhaupt?

11 b)

+ Guten Tag, ich brauche neue Schuhe.
– Welche Größe haben Sie?
+ Ich trage Schuhgröße 42.
– In Ihrer Schuhgröße habe ich ein braunes Paar im Angebot.
+ Kann ich die mal anprobieren?
– Moment, ich bringe Ihnen die Schuhe.
+ Die passen mir sehr gut.
– Möchten Sie noch ein anderes Paar probieren?
+ Nein danke, ich nehme diese.

12 Körper und Gesundheit

5 b)

1. + Guten Tag. Haben Sie einen Termin?
   – ...
   + Haben Sie Ihre Versicherungskarte mitgebracht?
   – ...
   + Gut. Waren Sie in diesem Quartal schon einmal bei uns?
   – ...
   + Nehmen Sie bitte noch einen Moment im Wartezimmer Platz.
   – ...
   + Nein, Patienten mit Termin müssen bei uns nicht lange warten.
2. + ... Sie sind stark erkältet. Ich schreibe Ihnen ein Rezept für Hustensaft.
   – ...
   + Sie müssen viel schlafen. Und ich verschreibe Ihnen auch noch ein Medikament gegen das Fieber.
   – ...
   + Kein Problem. Die Krankschreibung bekommen Sie an der Rezeption.
   – ...
   + Das auch. Ich wünsche Ihnen gute Besserung!
   – ...
   + Auf Wiedersehen.

6 b)

a) + Da bist du ja wieder. Wie geht es dir?
- – Nicht besonders gut. Der Arzt sagt, ich muss drei Tage im Bett bleiben und viel schlafen. Mit der Erkältung kann ich nicht arbeiten.
- + Hat er dir eine Krankschreibung für deinen Arbeitgeber gegeben?
- – Ja, ich rufe meinen Chef gleich an.
- + Mach das zuerst. Hast du auch ein Rezept bekommen? Der Arzt hat dir doch sicher Medikamente verschrieben.
- – Das habe ich fast vergessen. Kannst du für mich in die Apotheke gehen?
- + Das ist kein Problem. Ich muss auch noch etwas einkaufen. Brauchst du noch etwas?
- – Bitte bring mir frisches Obst mit. Ich brauche viel Vitamin C.

b) + Getränkemarkt Kunze. Guten Tag!
- – Guten Tag! Hier Frank Moll. Ich bin krank und kann heute nicht zur Arbeit kommen.
- + Sie sind krank? Das tut mir leid. Was fehlt Ihnen denn?
- – Ich bin total erkältet.
- + Erkältet? Waren Sie auch schon beim Arzt?
- – Ja, der Arzt hat mich bis Montag krankgeschrieben.
- + Na ja, dann erholen Sie sich gut! Hoffentlich geht es Ihnen dann schnell wieder besser.
- – Vielen Dank! Meine Frau kann Ihnen die Krankschreibung bringen.
- + Ach, das ist jetzt nicht so wichtig. Bringen Sie die Krankschreibung einfach am Montag mit.

8 a)

Hallo, liebe Zuhörer und Zuhörerinnen. Hier ist wieder Ihr Carsten Schnell mit dem Jogger-Podcast im Juli. In den letzten Tagen war es sehr heiß. Viele fragen mich nun: Soll ich bei der Hitze trainieren oder besser nicht? Ich meine, ja – aber machen Sie es richtig! Hier sind ein paar einfache Tipps:
Tipp 1: Laufen Sie am besten früh morgens. Dann ist es noch nicht so heiß und die Luft ist frischer als am Nachmittag oder Abend.
Tipp 2: Bei Sport an heißen Tagen verliert unser Körper viel mehr Wasser als an anderen Tagen. Das heißt: Sportler müssen an heißen Tagen viel trinken. Trinken Sie bei hohen Temperaturen vor dem Lauftraining ein bis zwei Liter – aber nicht alles auf einmal! Und nehmen Sie für unterwegs etwas Wasser mit. Dann kann Ihnen nichts passieren.
Tipp 3: Trinken Sie kein kaltes Wasser! Gut sind zum Beispiel Mineralwasser, Früchtetee oder Saftschorlen mit Zimmertemperatur.
Tipp 4: Manche Menschen essen an heißen Tagen nicht gerne etwas. Das ist auch für Sportler nicht gesund! Essen Sie viel frisches Obst, leichte Nudelgerichte, Salate oder Gemüsesuppen. So bekommen Sie auch bei Hitze keine Magenprobleme. Sie brauchen die Energie!
Und hier noch ein Extra-Tipp: Duschen Sie vor dem Training kalt. Dann geht die Körpertemperatur nicht so schnell nach oben und Sie können etwas länger trainieren!

Leben in Deutschland 4

1 b)

1. + Hallo, entschuldigen Sie, mein Name ist Bernd und wir machen gerade eine Umfrage für die Zeitung. Haben Sie einen Moment Zeit?
   - – Ja, aber nur einen Moment.
   - + Was machen Sie in diesem Sommer?
   - – Ich? Ich bleibe zu Hause.
   - + Sie fahren gar nicht weg?
   - – Nein. Zu Hause ist es auch ganz schön. Und ich kann meine Katzen und meine Balkonpflanzen nicht lange alleine lassen.
   - + Darf ich Sie noch fragen, wie Sie heißen?
   - – Martina, warum?
2. + Ich spreche hier gerade mit Sharook. Sie kommen aus Indien, ist das richtig?
   - – Ja, aber ich lebe schon lange in Deutschland.
   - + Viele Deutsche fahren ja mit dem Auto in den Urlaub. Machen Sie das auch?
   - – Nein, das geht nicht. Wir fliegen dieses Jahr nach Indien. Da mieten wir uns dann ein Auto.
   - + Ach so, klar. Sind Sie auch schon einmal in Europa mit dem Auto in den Urlaub gefahren?
   - – Ja, schon oft. Für die Natur und die Gesundheit sind die Bahn oder ein Fahrrad sicher besser. Viele finden aber die Reise mit dem eigenen Auto bequemer. Meine Frau und Kinder sehen das auch so. Das kann ich ja auch verstehen, aber ich meine, man kann auch ohne Auto Urlaub machen.
3. + Darf ich Sie mal etwas fragen?
   - – Ja, gerne.
   - + Was machen Sie in diesem Sommer?
   - – Wie meinen Sie das?
   - + Machen Sie Urlaub oder bleiben Sie zu Hause?
   - – Ach so. Das wissen wir noch nicht. Wir haben zwei kleine Kinder und leider noch kein passendes Angebot gefunden.
   - + Was suchen Sie denn?
   - – Wir leben in der Stadt. Unsere Kinder kennen keinen Bauernhof mit Tieren. Es gibt zum Beispiel viele Angebote für Ferien auf dem Bauernhof in Norddeutschland, aber da kann es auch im Sommer viel Regen geben.
   - + Das stimmt. Hoffentlich finden Sie noch ein schönes Reiseziel für Ihre Familie.

Bildquellenverzeichnis

Cover Robert Nadolny, Grafikdesign – **S. 3** oben links: Shutterstock, Monkey Business Images; 1 links: Shutterstock, Shawn Hempel; 2 links: iStockphoto, Chris Schmidt; 3 links: Shutterstock; 4 links: Fotolia, auremar; 5 links: Fotolia, auremar; 6 links: Fotolia, AustralianDream; 7 rechts: Fotolia, Karin & Uwe Annas; 8 rechts: Fotolia, Esser; 9 rechts: Fotolia, elxeneize;10 rechts: Fotolia, berc; 11 rechts: Fotolia, contrastwerkstatt; 12 rechts: Fotolia, Peter Atkins – **S. 4** Shutterstock, Monkey Business Images – **S. 6** 1: Fotolia, Cools; 2: Fotolia, wavebreakmediamicro; 3: mauritius images, Jochen Tack – **S. 7** 1: Shutterstock, Shawn Hempel; 2: Fotolia, Teamarbeit; 3: Fotolia, Julián Rovagnati; 4: Fotolia, digieye; 5: Fotolia, cut; 6: Fotolia, Elena Moiseeva – **S. 8** 1: Shutterstock, Michelangelo Gratton; 2: Fotolia, TheFinalMiracle; 3: Fotolia, Jenner; 4: Shutterstock, Syda Productions – **S. 10** oben links: Colourbox; unten links: Fotolia, Conny Hagen; oben Mitte: Shutterstock, Zhu Difeng; unten Mitte: Fotolia, Robert Kneschke; rechts: Shutterstock, wavebreakmedia – **S. 12** oben: iStockphoto, Chris Schmidt; 1: Fotolia, Digitalpress; 2: Shutterstock, Ingvar Bjork; 3: Fotolia, al62; 4: Fotolia, honda vita – **S. 13** 5: Shutterstock; 6: Shutterstock, Dan Kosmayer; 7: Fotolia, Beboy; 8: Fotolia, endrille; unten: Fotolia – **S. 14** oben: Colourbox; unten: Shutterstock – **S. 15** links oben: Fotolia, Marco Richter; links Mitte: Fotolia, Digitalpress; links unten: Fotolia, Simon Ebel; Mitte links: Elbphilharmonie, Herzog de Meuron; Mitte rechts: Fotolia, Vladislav Gajic; rechts oben: Fotolia, U.L.; rechts Mitte: Shutterstock, chaoss; rechts unten: Fotolia, Mapics – **S. 18** Cornelsen Schulverlage GmbH, Dr. V. Binder – **S. 19** 1: Fotolia, elxeneize; 2: Fotolia, Omika; 3: Fotolia, Tom Bayer; 4: Fotolia, Photography by mije shots; 5: Fotolia, LianeM – **S. 20** Fotolia, auremar – **S. 23** Fotolia, Lassedesignen – **S. 27** a: Deutsche Bahn AG; b: Cornelsen Schulverlage GmbH, H. Herold; c: Fotolia, Kzenon; d: Fotolia, auremar – **S. 29** Shutterstock, Gemenacom – **S. 31** Fotolia, shot99 – **S. 32** a: Fotolia, Seidel; b: picture alliance/ZB, Wolfgang Kluge; c: picture alliance/ZB, Waltraud Grubitzsch; d: picture alliance/ZB, Hubert Link; e: Helga Schulze-Brinkop – **S. 33** 1: Shutterstock, wavebreakmedia; 2: Shutterstock, Dean Drobot – **S. 34** 1: Fotolia, AustralianDream; 2: Deutsche Bahn AG; 3: Fotolia, 2012 myfreizeit.de; 4: Shutterstock, Krivosheev Vitaly; 5: Fotolia, Nomad_Soul; 6: Fotolia, HappyAlex – **S. 36** Goethe Institut – **S. 38** Shutterstock, Nicemonkey – **S. 39** a: ADAC; b: Bundesagentur für Arbeit; c: Shutterstock, elxeneize; d: Fotolia, Sashkin – **S. 40** oben links: Corbis; unten links: Fotolia, Karin & Uwe Annas; oben rechts: Fotolia, Karin & Uwe Annas; unten rechts: Fotolia, Monkey Business – **S. 41** oben links: Fotolia, Schwier; oben rechts: Fotolia, Peter Atkins; a: Fotolia, TrudiDesign; b: Shutterstock, ET1972; c: Fotolia, araraadt; d: Fotolia, Picture-Factory; e: Fotolia, MNStudio; f: Fotolia, Luftbildfotograf – **S. 43** Fotolia, auremar – **S. 44** 1: Shutterstock, OPOLJA; 2: Fotolia, Stauke; 3: Fotolia, Kneschke – **S. 46** oben links: Fotolia, Esser; unten links+oben rechts: picture alliance/ dpa, Friso Gentsch; Mitte: Fotolia, Martina Berg; unten rechts: Fotolia, laguna35 – **S. 48** 1: Shutterstock, vvoe; 2: Fotolia, Fotostudio Pfluegl; 3: Fotolia, davis; 4: Fotolia, TELCOM-PHOTOGRAPHY; 5: Shutterstock, Bocman1973 – **S. 51** Fotolia, Iakov Filimonov – **S. 52** links: Shutterstock, FooTToo; rechts: Fotolia, elxeneize – **S. 53** links: Fotolia, Lothar Lorenz; rechts: Fotolia, JFL Photography – **S. 54** Fotolia, Petair – **S. 55** außen: Fotolia, bloomua; innen: Shutterstock, Monkey Business Images – **S. 57** Fotolia, Alexandr Mitiuc – **S. 58** 1: Shutterstock, filipw; 2: Shutterstock, DALSTOK; 3: Shutterstock, eurobanks; 4: Fotolia, Janina Dierks; 5: Shutterstock, Image Point Fr; 6: Fotolia, Rido – **S. 59** oben links: Fotolia, CandyBox Images; Mitte links: Fotolia, O.M.; unten links: Fotolia, Gina Sanders; oben Mitte: Fotolia, eyetronic; unten Mitte: Fotolia; oben rechts: Fotolia, Dan Race; unten rechts: Fotolia, steschum; Hintergrund: Fotolia, obelicks – **S. 61** Fotolia, valery121283 – **S. 62** Fotolia, berc – **S. 63** 1: Fotolia, Picture-Factory; 2: Fotolia, Stefan Gräf; 3: Fotolia, lamio; 4: Fotolia, novro – **S. 64** Fotolia, nyul – **S. 66** Fotolia, contrastwerkstatt – **S. 69** links: Fotolia, Dmytro Shevchenko; 2. von links: Fotolia, Amelia Fox; 2. von rechts: Fotolia, Elnur Amikishiyev; rechts: Fotolia, Beznika; außen: Fotolia, vege – **S. 72** oben links: Fotolia, Heino Pattschull; links Mitte: Fotolia, rvlsoft; unten links: Fotolia, Marius Graf; oben rechts: Fotolia, karandaev; unten rechts: Fotolia, Julián Rovagnati; unten: Shutterstock, Adobe Systems – **S. 74** oben: Fotolia, Robert Kneschke; Mitte: Fotolia, contrastwerkstatt – **S. 75** Fotolia, Peter Atkins – **S. 76** Fotolia, RLG; im Display: Fotolia, Maridav – **S. 77** Shutterstock, auremar – **S. 78** oben links: Fotolia, Johanna Mühlbauer; unten links: Fotolia, Bergfee; oben rechts: Shutterstock, Heike Rau; unten rechts: Fotolia, Kzenon – **S. 79** oben links: Shutterstock, XiXinXing; oben Mitte: Fotolia, Shestakoff; oben links: Fotolia, Edyta Pawlowska; a: Fotolia, vschlichting; b: Fotolia, rdnzl; c: mauritius images/ib/Jochen Tack; d: Fotolia, Alexander Raths; e: Fotolia, rdnzl

CD-Inhalt

Auf dieser CD finden Sie alle Hörtexte zum Intensivtraining.